BIOCAPITALISMO

COLEÇÃO CONTEMPORÂNEOS

Esta coleção é um empreendimento conjunto das editoras *Iluminuras* (Brasil) e *Quadrata* (Argentina). Ambas reúnem interesses, afetos e horizontes comuns na publicação de obras que valorizem o pensamento, a circulação e a experimentação como um projeto do Cone Sul.

Antonio Negri

BIOCAPITALISMO
ENTRE SPINOZA E A CONSTITUIÇÃO POLÍTICA
DO PRESENTE

Tradução
Maria Paula Gurgel Ribeiro

 ILUMI//URAS

Coleção Contemporâneos
dirigida por Ariel Pennisi e Adrián Cangi

Copyright © 2015
Antonio Negri

Copyright © desta edição e tradução
Editora Iluminuras Ltda.

Capa e projeto gráfico
Eder Cardoso / Iluminuras

Imagem da capa
Nuno Ramos
Fruto estranho, 2010. Foto: Jaime Acioli

Revisão
Bruno D'Abruzzo

CIP-BRASIL. CATALOGAÇÃO-NA-FONTE
SINDICATO NACIONAL DOS EDITORES DE LIVROS, RJ

N321b

    Negri, Antonio
      Biocapitalismo : entre Spinoza e a constituição política do presente / Antonio Negri ; tradução Maria Paula Gurgel Ribeiro. - 1. ed. - São Paulo : Iluminuras, 2015.
    144 p. : il. ; 21 cm.

Tradução de: Biocapitalismo

    ISBN 978-85-7321-474-1

    1. Filosofia 2. Capital (Economia) 3. Capitalismo. I. Título.
15-23457   CDD: 335.4
                     CDU: 330.85

2017
Editora Iluminuras Ltda.
Rua Inácio Pereira da Rocha, 389 - 05432-011 - São Paulo - SP - Brasil
Tel./ Fax: 55 11 3031-6161
iluminuras@iluminuras.com.br
www.iluminuras.com.br

SUMÁRIO

Contemporâneos, 9
Adrián Cangi e Ariel Pennisi

Spinoza libertário, 13
Adrián Cangi e Ariel Pennisi

Biocapitalismo e constituição política do presente, 57
Antonio Negri

APÊNDICE:
Três convidados ao pensamento de Antonio Negri, 85
Federico Galende, Eduardo Rinesi, Eduardo Grüner

Spinoza presente, 93
Pierre Macherey

Prefácio à Anomalia selvagem, 99
Alexandre Matheron

Spinoza: outra potência de agir, 111
Antonio Negri

Spinoza e a questão democrática, 129
Diego Tatián

CONTEMPORÂNEOS

Adrián Cangi e Ariel Pennisi

A contemporaneidade reconhece, em qualquer tempo, um tipo de vida na qual o espírito separa pacientemente o sentir e o senso comum para agitá-lo. Em outros tempos — não tão distantes para um olhar histórico — chamou-se a esse modo vital de "intempestivo". A potência desse nome só alcança quem consegue habitar a defasagem em relação ao presente que lhe cabe viver. Contemporâneo é, para nós, aquele que não coincide com seu tempo nem deve adequar-se às suas pretensões. É inatual e, por essa razão, anacrônico para perceber o presente. É o que vive em relação à sua época algum tipo de interpolação dos tempos sem fechamento laico ou litúrgico. Abertura que percebemos como gesto estilístico e incômodo histórico, que aquele que consegue experimentá-la, assume e suporta como pensamento encarnado.

A contemporaneidade de nosso presente destila ou bem a sentença do filósofo que reza "não sei se algum dia nos tornaremos adultos" ou bem a do escritor que reclama "só o estilo como imaturidade pode evitar privar uma vida da vida". Como distinguir a aceitação trágica em um tempo de comédias sórdidas e grotescos estético-políticos em que se privilegiam os conformismos e as obediências de uma suposta inteligência média? Parecemos condenados a uma pegajosa menoridade que não deveria ser confundida com a imaturidade paradoxalmente buscada como estilo vital. Nosso presente pretende *nos agrupar de fato e nos moralizar de direito sob as figuras do conformismo, da obediência e da menoridade. Não nos torna, por acaso, "anãos de espírito", postados em corpos mais ou menos confortáveis, cujos modos dissimulam para a sociabilidade um capricho infantilmente odioso e um fatal fastio que desacredita a crença no mundo?*

A contemporaneidade não cessa de reclamar ao adulto ligeiramente adaptado e armado com as doses necessárias de cinismo, às vezes de ironia e no mais das vezes de vencidas suspicácias paródicas. A crítica que responde a esses espíritos não passa de uma razão conformista, mas prazerosa com o estado de coisas que lhes cabe viver mais do que esforçada em mudar os encadeamentos dos hábitos e crenças que nos determinam uma torpeza presunçosa. Ao contemporâneo, todo o palavrório de uma época, incluindo sua boa crítica, provoca-lhe o reconhecimento de sua força de imposição. Esse reconhecimento não é outra coisa senão o respeito ao adversário, diante do qual o contemporâneo se tornará um franco-atirador impiedoso ao mesmo tempo que um estilista singular. Por isso cria um tempo dentro do tempo no qual lhe cabe viver e produz, graças à sua capacidade de perceber, um mundo tão aberto como fragmentado.

A contemporaneidade de quem habita interpolando os tempos é uma singular relação com o próprio tempo que, enquanto adere a ele, simultaneamente toma distância, a favor de um modo de vida, de um espaço de produção ou de um retiro aristocrático do espírito. A violência atual pode mergulhar-nos nas mais sofisticadas e dissimuladas formas de adaptação ou nos transformar em emboscados franco-atiradores. Os que assim se chamam nos falam de uma comunidade sem traços prévios nem destino final, sem fronteiras estáveis nem língua única. Contemporâneo é o chamado a um encontro fraterno entre iguais, sempre díspares e dessemelhantes entre si. Aquele considerado como igual é "qualquer um" capaz de uma busca da imaturidade como estilo vital.

O contemporâneo percebe que sua atualidade inclui seu próprio lado de fora, desajuste que o habilita a um tempo inédito. Aquilo que define seu humor, permanente ou mutante, é o tempo que, com sua potência, imprime angústias ou alegrias. Por isso sabe que qualquer representação é uma detenção da imagem do tempo destinada a intensificar alguns valores sobre outros. O pensamento é mestre em fixações pela representação e a reação do contemporâneo gira na pergunta pelo movente. Nisso radica a capacidade de se desembaraçar dos mandatos de uma época e de comprometer as energias disponíveis em criações mais leves que qualquer reclamada origem e mais alegres que algumas pretendidas certezas definitivas.

O contemporâneo faz de seu problema o "agora" como limiar da diferença na história, vive dos contratempos e admite os saltos inesperados. É reconhecido como um militante do incômodo quando seu tempo se radicaliza e como um anfitrião desinteressado quando a chatice destila indiferença. Trata-se de um corpo que convida a ver outras possibilidades de vida naquilo que se apresenta como impossibilidade. Dir-se--á que busca nos tropeços a cifra de seu tempo e que reclama uma ética como um renovado nós. Sua tarefa é a de lançar tão longe e tão amplamente quanto lhe seja possível o trabalho indefinido da liberdade. Pensamento e ethos filosófico são as duas faces de seu movimento.

O contemporâneo espreita modos de vida entre o atual de um presente espacializado e o inatual de uma potência inacabada do tempo. Não acredita em metas cumpridas feitas de boas representações de anseios prévios e sim no fundo irrepresentável de encontros potentes para a vida. Desco-

nhece as tarefas consumadas e se aproxima das fissuras na inatualidade dos movimentos de uma vida para projetar-se num dentro-fora para além da conformidade e oficialidade social e política. Diremos que o caráter intempestivo de sua potência radica em que seu espírito não progride e sim se transforma, não conhece e sim pesquisa e não acumula, mas sim experimenta.

Tradução de Maria Paula Gurgel Ribeiro

SPINOZA LIBERTÁRIO

Adrián Cangi e Ariel Pennisi

tantum potentiae, quantum iuris[1]

Spinoza

I

Do "valor-afeto" na constituição cooperativa

Sabemos que a alma nunca pensa sem imagem e que a imagem que nos seduz é aquela de um posicionamento a favor de uma mobilidade transformadora. Avançamos recuperando o gesto ético que um corpo assume e sustenta — aquilo que o poeta figurou como os olhos que ainda são capazes de dar um grito —[2] em vez de resistência e criação. Esses olhos têm a herança do ofício de um polidor de lentes e de um construtor do comum como razão coletiva. Polir e construir requer consistência pela articulação da diferença interna de uma vida. Antonio Negri assume e sustenta com sua biografia a perseverança de um ato de resistência e de criação do comum.

---

[1] Baruch Spinosa. *Tratado político*. Madri: Alianza, 1986,c. III, 9. Spinoza escreve "*Tantum iuris, quantum potentiae*". Adagio que começa a impor-se como a chave da prática da multidão até levar ao extremo sua inversão.

[2] Cf. René Char, "Hojas de Hipnos" (1943-1944), em *Poesía esencial*. Barcelona: Galaxia Gutenberg; Círculo de Lectores, 2005. Char escreve em seu diário de guerra: "só os olhos ainda são capazes de dar um grito".

Negri sofreu a condenação e o ressentimento pela falsa acusação do Estado Italiano como dirigente clandestino das Brigadas Vermelhas. Foi preso no dia 7 de abril de 1979 sob a acusação de "Insurreição armada contra os poderes do Estado", quando na Itália se confundiam as penas de direito comum com as de um suposto estado de exceção por uma guerra civil nunca admitida pela classe política. Em uma entrevista concedida na prisão especial de Trani, em novembro de 1980, ele diz: "Os procedimentos legais assumiram as características daqueles que são aplicados em tempos de guerra: a pessoa pode ser presa e interrogada sem assistência legal e detida por longos períodos de tempo. Mas são os períodos de prisão preventiva que atingiram níveis bastante inacreditáveis (...) Somos acusados de haver tentado incitar uma insurreição armada".[3] Vinculado, por alguns juízes alinhados com o Partido Comunista Italiano e por meio de uma orquestrada campanha jornalística de mistificação, como o autor intelectual de *Prima Linea* e de todos os outros grupos subterrâneos terroristas condenados pelo sequestro e assassinato de Aldo Moro, Presidente da Democracia Cristã, o jovem professor de "Doutrina do Estado", da Faculdade de Ciências Políticas da Universidade de Pádua, experimentou a prisão e o exílio.

As acusações contra ele foram modificadas em sucessivas oportunidades em um processo que durou mais de quatro anos. Da prisão, Negri replica: "não há dúvida de que se eu realmente tivesse feito tudo isso, teria sido uma excelente direção. Mas não o era. Na realidade, a posição adotada por mim e por meus amigos contra a ação ter-

---

[3] Cf. Antonio Negri, *Revolution Retrieved*. Londres: Red Notes, 1988. (*Crisis de la política. Escritos sobre Marx, Keynes, las crisis capitalistas y las nuevas subjetividades.* Buenos Aires: El Cielo por Asalto, 2003, pp. 189-195.) [CP]

rorista sempre foi amplamente evidente. Os escritos nos quais nos diferenciamos do terrorismo são incontáveis (...) Essa operação é inteiramente política e tem muito pouco a ver com a lei".[4] Finalmente, foi absolvido, eleito deputado do Parlamento pelo Partido Radical. Posteriormente, a Câmara dos Deputados votou, por uma estreita margem, a perda da imunidade parlamentar e seu retorno à prisão. Fugiu para a França em um exílio que durou quatorze anos de vida como professor sem documentação em Paris VIII e como membro do Collège Internacional de Philosophie. A memória de seu trabalho intelectual o viu participar ativamente na fundação de revistas militantes do criativo marxismo italiano, como *Quaderni Rossi*, *Classe Operaria* e *Contropiano*, ao mesmo tempo que influiu em experiências políticas organizativas como *Potere Operaio* e *Autonomia Operaia*. Entre 1979 e 1983, a experiência da prisão foi acompanhada de seu retorno à leitura de juventude da *Ética*, de Spinoza, que definirá uma transformação que, como um novo nascimento, o ocupará nas subjetividades que produzem renovados modos de vida.[5]

Seu percurso faz de sua filosofia um materialismo vivo cujo valor reside no afeto do trabalho vivo que se autonomiza da relação do capital e expressa — no corpo singular e coletivo, por todos os poros da pele — sua potência de autovaloração. O corpo é o sustento do trabalho coletivo e da construção cooperativa com suas simultâneas dimensões concretas e abstratas. O corpo não é só o ponto central e final da constituição do mundo material e sim a matéria viva em que se efetua a força capaz de inscrever as transformações dos modos de produção. A mutação do

[4] Cf. Ibid, pp. 189-195.
[5] Cf. Antonio Negri, *El exilio*. Barcelona: El Viejo Topo, 1998.

corpo atual — excedido e amplificado pelas próteses que o incrementam — é inseparável das forças virtuais abstratas que concretiza para a cooperação. A primeira fórmula do biocapitalismo revela este estado de mutação: a vida subsumiu ao abstrato, depois de que o abstrato subsumira à vida.

Se o capitalismo foi capaz de arrebatar o concreto à vida, o singular do valor da vida atual se faz com a abstração da mercadoria. Negri percebe essa mutação como uma poética que constrói potência ontológica: ferramenta de um tornar-se concreto com o abstrato. Poética contra natura singular e múltipla. Por isso, sustentará que a atual singularidade do corpo emerge como irredutível multidão — tentativa extrema de escavar na experiência o singular contra o universal como potência produtiva do corpo em vez de poder sobre o mundo — que se dá como *poiesis* coletiva ou como amor do produzir construtivo e cooperativo em movimento.

O marxismo criativo de Negri viu-se enriquecido pelo *Tratado político* e pela *Ética* de Spinoza na constituição de uma *poiesis* coletiva, sustentada em uma imaginação livre que vislumbra um processo de renovadas sínteses de cooperação. Não se trata apenas de responsabilidade histórica para a constituição do comum e sim de um desejo impetuoso — que não é *flatus vocis* e sim gesto ético — ante os condenados da terra. A economia política havia querido ignorar o "valor-afeto",[6] no entanto, no interior desse conceito paradoxal insiste um princípio de libertação: o valor da força de trabalho e da produção aumenta e intervém em um campo global biopolítico como afeto, ali onde a economia política torna o valor ineficaz. Nessa dinâmica paradoxal o trabalho encontra seu valor no afeto

---

[6] Cf. Antonio Negri, "Valor e afeto". In: *Exílio*. São Paulo: Iluminuras, 2001.

como força de transformação. O realismo, para Negri, não é uma poética da imitação e sim da reconstrução do mundo do valor-afeto. Esta não se expressa sem violência porque na mais lograda beleza de uma ação coletiva insiste um excedente do ser como movimento de libertação. O compromisso com o mundo se dá no ser ético-construtivo como ser liberado pela produção cooperativa com vistas ao comum. O destino do gênero humano explorado se expressa na desumanização do trabalho, ao mesmo tempo que se realiza no trabalho coletivo como arte. A segunda fórmula do biocapitalismo revela esta constituição: não há coletividade sem produção e linguagem, na qual a arte é, antes de mais nada, essa síntese de configuração do movimento do mundo, que o antecipa e o segue em sua orientação.[7]

A época da subsunção real impõe a requalificação das coordenadas analíticas da economia política. O espaço-tempo atual integrou produção, distribuição e consumo redefinindo a representação da realidade. Esse estado de coisas se expressa quando o valor de troca destina o vivente e o valor de uso já não dispõe nem de áreas nem de formas de experiência exteriores à subsunção. Marx percebe a subsunção real como extrema complexificação do saber abstrato ao qual denomina *general intellect*. Todos os poderes e as modalidades produtivas são articuladas e fixadas nas figuras cada vez mais complexas da cooperação do saber social geral. Nessa constituição se produz o antagonismo entre capital e subjetividade. Uma prática cada vez mais sofisticada dos saberes permite um grau crescente de cooperação e socialização com tendências

---

[7] Cf. Antonio Negri, *Arte y multitudo. Ocho cartas*, op. cit. Ver: "Carta a Massimo: sobre lo bello".

a autonomizar o *general intelligent* da subsunção real. O sujeito emergente desse dispositivo não é nem proletário nem de classe operária em sentido estrito, e sim um sujeito potente que não requer em seu trabalho cooperativo-afetivo da capacidade empresarial capitalista para se atualizar, tampouco parece implicado na dialética do capital, nem se expressa em uma lógica antagonista clássica nem na apologia do sacrifício do trabalho. Para esse sujeito, a terceira fórmula do biocapitalismo revela a construção da riqueza social: há trabalho de sobra, porque todos trabalham e porque todos contribuem para a constituição da riqueza social.[8]

Esse voltar a dar-se um segundo nascimento na prisão parte de uma constatação: "a vida de um militante político comunista dentro das prisões não é só forte; também é rica em iniciativas vitais". Negri acredita ser imprescindível pensar o novo sujeito forjado entre o tempo do trabalho e o tempo da vida. Reconhece que a subsunção tornou a sociedade uma "fábrica social"; no entanto, percebe um conflito decisivo que conformará a arqueologia da noção de biocapitalismo: na sociedade insiste uma tensão irredutível entre os desejos humanos e o capital, porque a reprodução da força de trabalho é interna ao próprio capital. O sujeito que percebe não é o resultado de uma crise do capitalismo e sim o produto de sua reestruturação pensada com base na produção das condições de vida e das potências de cooperação dos desejos. Já não se trata de uma unificação das lutas por meio de ideologias e sistemas de valores porque, como o próprio Negri indica, esse se tornou o caminho dos conservadorismos e das direitas.

---

[8] Cf. Antonio Negri e Félix Guattari. *Las verdades nómadas*. Por nuevos espacios de libertad. Lizarra: Gakoa, 1996, pp. 242-244.

Por isso, acredita que o único retorno do valor provém da cooperação produtiva e afetiva dos desejos. Ali radica o aparente imediatismo dos grupos ativos particulares que descobrem pela experiência da prisão a autovaloração por relações ético-afetivas que sustentam a ação concreta da vida.[9]

De um materialismo vivo

Negri pratica uma filosofia que acredita na irreversibilidade da transformação ontológica motivada pelo desejo como única norma ética de tudo quanto existe. Sua vida prova que não foi nem o medo nem a imprudência o que o força a agir e sim a dignidade dos afetos como outro caminho no desenvolvimento do pensamento e da liberdade. Em sua prática vital a liberdade só pode ser democrática e só persiste se sua condição é a "tolerância"[10] como a pró-

---

[9] Cf. CP, pp. 189-195.

[10] Na "ideologia razoável", que com Descartes dá lugar a uma "política razoável" da modernidade, ocuparam um lugar privilegiado os instrumentos de repressão na gênese do capitalismo, que tiveram por objeto sufocar as revoltas camponesas e do artesanato urbano. Negri resulta preciso em seu livro *Descartes político. Ou da razão ideológica*: "para garantir a soberania absoluta e a eficácia de sua ação era necessária uma referência à transcendência". O poder da razão se arraigava desse modo na gênese do capitalismo como poder soberano transcendente. Claramente, trata-se do caminho da metafísica ontoteológica da modernidade que investiu o capital em seu desenvolvimento. As novas relações de produção carregaram sobre si a eterna figura do poder até que metafísica e teologia se confundiram uma com a outra. Nesse sentido, "a metafísica sempre foi política" e a noção de "prudência" fica ligada à eterna figura do poder e da lei governada pelo princípio do Uno. Assim, a prudência é uma ação de conservação ante os limites do poder soberano. Entre a guerra civil e a força divina do Leviatã, Hobbes navega radicalizando o poder soberano. A invenção da utilidade pública permitirá uma concepção da vontade geral em Rousseau. E, por sua vez, Hegel realizará a síntese do soberano e do público da sociedade civil no Estado sujeitando o trabalho ao poder soberano. A resposta a essa tríade provém de Spinoza: a imanência produz a polis e sem democracia não há vida política nem autoridade. Neste mundo sem lado de fora

pria realização da liberdade. Por isso, afirma que o *Tratado político* de Spinoza começa ineludivelmente o caminho da democracia moderna absoluta, e também lembra que o pensamento filosófico ao longo dos três séculos que o sucedem está dominado pela teodiceia que perdeu toda referência ética e se constituiu na história filosófica da ideologia dialética.[11]

Ideologia do medo que se consolida como teodiceia porque esta modelou a fé no hábito e na crença da estirpe da escravidão salarial do mercado. Estirpe que sofreu uma queda da potência em favor de uma aceleração negativa em sua composição afetiva e uma ilusão de movimento vital que abandona o longo trabalho sobre si mesma. Negri afirma que a ideologia do medo reduziu a autenticidade do ser. Acredita então que as saídas privadas e formais criaram modos de vida subalternos e vazios curvados a qualquer ilusão que postule uma salvação imediata. Desse modo, sabe que essa foi a tarefa de uma ontoteologia que perdeu sua relação com a ética como prática deliberada

---

só há um agir "sobre" e "de" nosso ser aberto e autoprodutivo cujos nomes são "anomalia", "exceção", "ruptura". Todos nomes do ato de resistência e invenção destinados a uma construção do comum constituinte e afirmativo. O problema da "prudência" muda de lógica: passa de um determinismo histórico fundado em uma política razoável contra o terror para uma ontologia da potência inventiva fundada em uma resistência constituinte, afirmativa e cooperativa. Investir de maneira crítica o real para atravessá-lo requer de um valor de mudança na produção de subjetividade. Buscar o comum é fazê-lo como excedente. No entanto, o "eterno" e o "absoluto" que designam, para Negri, a democracia em Spinoza constituem um dispositivo de ação ativa e transitiva da estrutura social. Desse modo, retorna ao *Tratado teológico-político* (cap. XX) para dizer que a ação ativa e transitiva só pode ser democrática fundada na tolerância e, ao mesmo tempo, na realização da liberdade. A tolerância assim entendida é a medida ética da ação ativa e transitiva de uma ontologia da potência inventiva e cooperativa. Por fim, para Negri, a prudência não é medida pela submissão ao poder soberano ou à lei, mas sim pela produção ética de uma cooperação comum.

[11] Cf. Antonio Negri, *Spinoza sovversivo. Variazioni (in)attuali*. Roma: Derive Approdi, 1998, c. ii. (Spinoza subversivo, Madri: Akal, 2000) [SS].

da liberdade, enfrentando-nos a um vazio lógico do poder contra a plenitude da potência ontológica.[12]

O que fazer? Pergunta crucial que comporta, inevitavelmente, outra: como continuar depois das catástrofes dos dispositivos da razão moderna? A resposta é ética: a perseverança da experiência de uma vida diz que a catástrofe permite uma inovação do ser. Se o mundo do ser pode se destruir, ao mesmo tempo pode ser construído de modo integral. Negri escreve em *Spinoza subversivo* que "o sentido da catástrofe elimina até o último indício do determinismo". A única razão é a construção consistente da vida contra as práticas da morte. A alternativa ética consiste em levar ao extremo o ser, onde a escolha dramática se dá entre viver e ser destruído. Por isso, a imaginação produtiva é uma reserva de potência ética no domínio do biocapitalismo.[13]

A ética já não trata de palavras e sim de atos encarnados em realidades ontológicas que apreendem o tempo da vida perante o tempo da medida do mercado. Não se trata do heroísmo da vontade mas, sim, do desejo ético do ser cuja razão alegre se centra na produção de si e na composição com outros por meio do exercício comum do amor. Na superfície do mundo e das afeições comuns a escolha ética se faz política como gestão coletiva do comum. De tal forma, "a democracia" — escreve Negri em *Spinoza e nós* — "é um ato de amor",[14] porque as singularidades éticas se recuperam imediatamente na construção das novas instituições do comum. Por isso, a imaginação produtiva é uma potência ética em que se fabula um futuro

[12] Ibid., c. I.
[13] Ibid., c. I, p. 32.
[14] Cf. Antonio Negri, *Spinoza et nous*. París: Galilée, 2010, c. IV. (*Spinoza y nosotros.* Buenos Aires: Nueva Visión, 2011). [SN]

forjado nas potências do ser como sólida construção da coletividade. A perseverança do filósofo se sustenta em algumas razões e afeições do comum que se subtraem da agitação de uma existência insensata que se expande nas redes de um desenvolvimento submetido ao mando e à exploração como destruição do ser. Anota em uma de suas mais belas páginas: "nada nos fará recuar. Não podemos. E não sabemos distinguir nossa alegria e nossa liberdade dessa necessidade".[15] "Esse é meu olhar", dizia--nos em novembro de 2011 num bar do centro portenho. Lembramos o peso sereno de seu olhar em uma longa conversa que mantivemos sobre o compromisso político com o comum na contemporaneidade.

Da magistratura indeterminada da democracia em Aristóteles à democracia como poder da multidão em Spinoza, uma virada perturba a transcendência dos arquétipos de governo e a hipótese da autoridade soberana. Negri faz dessa tese o fio condutor de uma teoria afirmativa do poder constituinte da multidão perante o poder constituído por um Estado que monopoliza os instrumentos do poder — ao mesmo tempo, fazendo do poder um objeto passível de ser monopolizado. Advoga por uma ontologia crítica que exiba o sintoma de nosso tempo que se apresenta sob as formas das apologias da resignação, dos cinismos compassivos, da arrogância dos poderes triunfantes e da prudência diante da intervenção dos Estados na vida civil.

As grandes interpretações que ao longo de trinta anos renovaram os estudos sobre Spinoza: de Wolfson a Gueroult, de Deleuze a Matheron, de Macherey a Kolakowsky,[16]

---

[15] Cf. SS, c. I, p. 36.

[16] Cf. Harry A. Wolfson, *The Philosophy of Spinoza: Unfolding the Latent Processes of His Reasoning*, Harvard University Press, 1934/1962; Martial Gueroult, *Spinoza*, t. I:

levaram a situar o *Tratado político* como obra que coroa um novo pensamento do político inseparável de uma experiência metafísico-ética. É possível dizer que essa unidade metafísico-ética é uma experiência que coloca em movimento real o ser prático, e na qual é necessário afirmar que *experientia sive práxis*. Pode-se dizer que a potência que forma o mundo material é a mesma potência que atravessa os indivíduos e que conforma o mundo social e político. Por isso, não é necessário alienar essa potência para construir o coletivo.

Para que a democracia chegue a ser a instituição mesma do político, o coletivo e o Estado só podem ser concebidos sobre o desenvolvimento das potências e nunca da repressão do poder. O objeto da política, afirma Spinoza no *Tratado político*, é a relação entre o desenvolvimento das *cupiditates* individuais e o constituir-se da *multitudo*, como instituição social independente da religião e da moral. Sabemos que qualquer forma de governo democrático é uma mediação entre multidão e prudência do ponto de vista das dinâmicas da ação, mas também sabemos que "o verdadeiro fim do Estado é a liberdade" como o reclama uma inesquecível passagem do *Tratado teológico-político*.

Os grandes intérpretes se detiveram no primeiro capítulo do *Tratado político* porque é neste em que Spinoza deriva o político de uma ética que separa *potentia* e *potestas*. A separação entre potência e poder ocupa o centro da lógica que sustenta a ética como experiência da experiência do comum. O poder só pode ser o produto

---

Dieu (Ethique, I) e t. 2: *L'Âme (Éthique, II)*, Paris: Aubier-Montaigne, 1968/1974; Deleuze, *Spinoza et le problème de l'expression*, Paris: Minuit, 1968 e *Spinoza. Philosophie pratique*, Paris: Minuit, 1970; Alexandre Matheron, *Individu et communauté chez Spinoza*, Paris: Minuit, 1969; Leszek Kolakowsky, *The two eyes of Spinoza*, Chicago: St. Augustine's Press, 2004; Pierre Macherey, *Hegel ou Spinoza*, Paris: Maspéro, 1977.

de um processo continuamente reaberto pela potência da multidão rumo à construção de instituições novas da sociedade. Mas será preciso aceitar que não há potência constitutiva sem deslocamentos coletivos.

Deleuze, Macherey e Matheron apontaram de distintos modos que algo desproporcional atravessa a *Anomalia selvagem*, de Negri.[17] Vale perguntar-se em que consiste tal desproporção e que problemas ela abre na interpretação filosófica contemporânea. Negri aborda um excesso no sistema de Spinoza para além da equilibrada composição geométrica de seu pensamento: uma potência natural como movimento ético-metafísico desloca qualquer sistema político que não se apresente como uma democracia absoluta. A leitura de Negri se constrói com base na continuidade da *potentia* — que se remonta desde a materialidade do *conatus* à corporeidade da *cupiditas* para estender-se à inteligência do amor comum como composição da *cupiditates* — alimentando as razões com um excesso: o da *democracia omnino absoluta* que a multidão compõe. Essa posição é consequente com o que Spinoza afirma no *Tratado político*: "se existe um poder absoluto não pode ser outro que aquele que a multidão possui".

A leitura de Spinoza que esses autores compartilham com Negri começa com a revisão da política de interpretação ancorada no romantismo alemão e na metafísica de Hegel que privilegia o direito público sobre o direito natural, valorizando a segurança do Estado e sua *potestas* na constituição do *absolutum imperium* sob a forma da soberania. É verdade que se pode ler no *Tratado político*

---

[17] Cf. Antonio Negri, *L'anomalia selvaggia. Saggio su potere e potenza in Baruch Spinoza*, Milão: Feltrinelli, 1981. (*La anomalía salvaje. Ensayo sobre poder y potencia en Baruch Spinoza*, Barcelona: Anthropos, 1993). [AS] Remetemos aos prefácios da edição italiana escritos por Gilles Deleuze, Pierre Macherey e Alexandre Matheron.

que "a virtude do Estado é a segurança", mas antes de qualquer outra coisa, esse livro permite dizer que nenhum contrato suprime a potência singular do direito natural que é imanente à multidão. A potência da multidão é desse modo que constrói o direito que alcança o nome de Estado quando nasce a República. Nós nos perguntamos de onde provém a potência da multidão que se dispõe para além do homem finito prisioneiro de uma ontologia negativa do mundo moderno que reivindica para a existência a pureza e a nudez do ser, como Heidegger, e para além do homem teológico que a torto e a direito restaura o conceito de soberania como faz Schmitt. Então, de onde provém a potência da multidão que não está determinada pelo ser-para-a-morte e tampouco pela restauração da soberania transcendente.

A política de interpretação que Negri aponta pondera sobre Spinoza: "a singularidade está dentro do comum"[18] inserida em uma substância eterna que vive e se transforma por um movimento ético ou relação de composição inter-humana. É na relação entre singularidades em que se estabelece o "ser-multidão" como a identidade positiva da potência. A potência é tanto maior quanto mais se estende e intensifica a associação. Por isso, para Negri não há possibilidade interpretativa que sustente um individualismo imanente em Spinoza enquanto um excesso do processo constitutivo resulta instituinte e comunicante, e por isso excede ao individual e interindividual. Então, a singularidade é atravessada por um excesso instituinte e comunicante que está na gênese de uma metamorfose que volta para a potência dos homens capazes de vida civil. A metamorfose construtiva que permite passar da

[18] Cf. SN, c. III.

potência singular individual ao ser-comum revela na consistência existencial um limite que só parece possível de ser modificado a partir do interior pela constituição de si.

Negri percebe no *Tratado teológico-político* a constituição da singularidade em multidão como condição de composição do "ser-multidão" porque não há existência comum que se dê por fora do desenvolvimento da *cupiditas* comum. É o desejo e as afeições da imaginação produtiva comum que tornam possível que a singularidade ética se constitua em multidão que busca na extensão e intensidade a maior potência coletiva destinada à criação de instituições novas. Na linguagem de Negri, o projeto do "ser-multidão" é tomado pela práxis do "fazer-multidão" como potência construtiva de uma realidade política possível. Desse modo, a multidão não existe por fora das diferenças das singularidades nem isenta da radicalidade do "ser-multidão" no "fazer-multidão", cujo fim é constituir a República como composição inter-humana. Por isso, Negri sustenta que em Spinoza há uma continuidade que vai da intensidade ontológica à composição política como processo constitutivo que tende à democracia absoluta como realização da liberdade na imaginação produtiva.[19]

A potência da multidão é que constrói o direito que alcança o nome de Estado quando dá existência à República. O direito civil e a República não provêm, na interpretação que Negri faz de Spinoza, da *potestas* e sim da *potentia* do fazer-multidão. É esse fazer que substitui qualquer contrato. Esse, constitui a passagem do jusnaturalismo contratualista ao materialismo ético,[20] no qual

[19] Cf. Ibid., C. III.
[20] Cf. Ibid., C. III. Diz Negri: "nessa passagem do jusnaturalismo contratualista ao materialismo ético se encontra também resolvida a relação entre as singularidades e a multidão. Existe uma simetria entre o *ser-multidão* e o fato de estar imerso

o fazer-multidão é o que constrói a realidade política "em uma práxis comum da qual deriva o poder dual da República", até que esse "poder dual", como mostra Negri, seja resolvido na própria vida da República.

Não é possível pensar esse fazer-multidão sem tolerância e liberdade como constituintes da potência que tende à organização mas que nunca deve ser confundida com a noção moderna de povo. A multidão organizada se compõe na diferença das singularidades, na individualidade do homem que se questiona sobre a expressão dos limites da relação com os dispositivos de gestão coletiva do comum e em relação produtiva e intensiva inter-humana que outorga consistência à República. O poder constituinte, fonte da autoridade jurídica e interpretativa de seu desenvolvimento, é o reconhecimento das forças produtivas do comum que não devem ser confundidas com a identidade emocional e territorial do povo.[21]

Matheron mostra que "o problema, então, não é descobrir a melhor forma de governo, e sim descobrir, em cada tipo de sociedade política dada, as melhores formas de libertação; isto é, as estruturas que permitirão à multidão reapropriar-se de sua potência".[22] As melhores formas de libertação resultam inseparáveis do conhecimento da autorregulação ótima da potência e da imaginação materialista que outorga consistência à multidão. Deleuze, Macherey e Matheron compartilham com Negri que

na dimensão do contrato, por um lado, e o *fazer-multidão* e o fato de construir a realidade política, por outro. No segundo caso, que nos interessa, o poder se dá sobre a base de um *fazer*, de uma *práxis* comum. Disso deriva uma concepção do poder que sempre se interrompe, é sempre aberta, sempre dual até que o próprio dualismo seja resolvido: isso é a vida da República".

[21] Cf. Ibid., C. III, p. 87. Ver: Antonio Negri, *The Constituent Power*. Minnesota: University of Minnesota Press, 1994.

[22] Cf. Alexandre Matheron, "Prefazio". In: *L'anomalia selvaggia. Saggio su potere e potenza in Baruch Spinoza*, op. cit.

a política de Spinoza é uma metafísica da imaginação produtiva como modalizadora da filosofia prática. Por seu lado, Deleuze destaca a linhagem na qual Negri inscreve Spinoza — entre Maquiavel e Marx — por fora do pensamento jurídico de Hobbes, Rousseau e Hegel. Esta política de interpretação valora a constituição ontológica como composição física e dinâmica das forças imediatas que se dispõem nas antípodas do contrato jurídico instituído como mediação das forças derivadas.

Deleuze e Matheron insistem, assim como Negri, que os corpos e as almas são igualmente forças que se definem pelas relações que compõem em cada corpo e com os outros, apresentando-se em ambos os casos como modos da multidão. A consequência imediata desta posição é o enfrentamento com a leitura romântica que valida o poder político em sua *potestas* jurídica a partir de Hegel. Interpretação que abriu de distintos modos heterodoxos o caminho para as ideologias teológicas à maneira de Schmitt e para as ontologias negativas da produção à maneira de Heidegger. Negri não admite poderes transcendentes ou ontologias do niilismo. Só segue o desfiladeiro no qual Spinoza une o realismo de Maquiavel com a crítica ao capitalismo de Marx até os pensamentos libertários de Gramsci. Por isso, Matheron reconhece em Negri que sua posição interpretativa é uma "metafísica da força produtiva" ou *potentia* que se opõe a qualquer "metafísica das relações de produção" tendente à *potestas*. Dirá, então, que a *natura naturante* é produtora, e que essa produção de potência e imaginação material busca a composição inter--humana mais consistente.

Deleuze compartilha com Negri a desarticulação da noção de "mediação necessária" que privilegiou a mediação de um poder ou de uma lei transcendente nos domínios lógico, psíquico e político cujo horizonte é inseparável da intervenção em uma crise, guerra ou antagonismo. As teorias da solução da "mediação necessária" que passa pelo antagonismo mostram na multidão o extremo perigo da produtividade espontânea das forças. Historicamente, esta produtividade da multidão surge para Spinoza do caráter excepcional da situação holandesa do século XVII onde as forças produtivas se opõem às monarquias feudais na gênese do capitalismo. Negri traça a genealogia que vai desde a situação holandesa, como um meio crítico que permite pensar uma política da potência, até iluminar problemas do biocapitalismo contemporâneo.[23]

Macherey indica que a interpretação de Negri vai da transformação ontológica à imaginação material produtiva. Deste modo, a existência faz da essência uma maneira dinâmica e constitutiva em ato inclinada rumo ao futuro. Esse dinamismo aberto — que se desloca entre o *Tratado breve* e o início da *Ética* indagando a imaginação material, abre-se ao mundo em consonância com o *Tratado teológico-político* que se afirma de modo integral na *Ética* — dá lugar a um materialismo revolucionário. É nesse sentido que o ser é imediatamente político e não uma utopia ideal. Esse dinamismo aberto define na *Ética* uma tendência da existência para o comum ao qual não se pode ingressar sem o terrível temporal que este movimento desata.

Essa política de interpretação que Negri desenvolve alcança seu epicentro em meados da década de sessenta do século passado, e advoga por precisar em Spinoza uma série de problemas encadeados que permitem legibili-

[23] Cf. AS, C. I e VIII.

dade na constituição democrática política do presente. A dimensão ontológica, ética e política de uma experiência material fica entrelaçada em um conjunto de proposições destinadas à configuração de um poder constituinte onde o destino humano é jogado no horizonte imanente da possibilidade entre necessidade e liberdade, onde a finalidade racional se desdobra na necessidade de conhecimento para a organização do universo como posição ética do existente no horizonte da imanência, onde a posição ética como poder constituinte se desloca do autogoverno à democracia absoluta da multidão como constituição do comum e onde o único eterno é o caminho intramundano e interindividual da experiência do ato de criação no qual o universo é concebido em um estado de metamorfose movido pela diferença interna eficiente da matéria que se transforma de dentro do próprio movimento.

A tese mais radical de Negri que atravessa as páginas de *Spinoza subversivo* diz que "na história da prática coletiva há momentos nos quais o ser se coloca para além do devir. A atualidade de Spinoza consiste, antes de mais nada, nisto: o ser não quer se submeter a um devir que não detenha a verdade. A verdade se diz do ser, a verdade é revolucionária, o ser já é revolução".[24] Negri reclama o ser como autenticidade que é já-aí metamorfose. O devir não suprime nem a verdade nem a revolução se é potência de transformação coletiva. Ante a reação e a negação, o Spinoza que Negri traz para o presente é o da irreversibilidade da transformação como verdade. Nem desencanto nem oportunismo nem mediação em relação ao poder atravessa a verdade da *Ética*. Verdade, sustentará Negri, que desconfia da transcendência e da alienação teológica

[24] Cf. SS, C. I e SN, C. II.

que é sempre e de qualquer modo interior ao edifício dialético.

A anomalia que Negri valora em Spinoza não está do lado do assalariado da cultura e tampouco no domínio da tese sobre a teodiceia. Por isso, a aceleração negativa — que não é outra coisa que a queda da potência de invenção do ser — encontra-se do lado da ideologia dialética como história da metafísica europeia e contemporânea à qual Negri opõe uma metafísica da potência. A dialética busca o espírito absoluto de um homem lógico que ocupa o lugar de Deus como autoprodução ilusória de seu próprio movimento. A autoafeição criadora não é nem lógica nem formal e, sim, expressa o excedente vital intensivo que a motiva. O caminho da teodiceia formal dialética perdeu a referência ética e se expôs a uma queda da potência de invenção do ser. Para o pensamento dialético, o negativo é relativo ao processo lógico e ao vazio formal que apresentam como rupturas a ser integradas no processo.

Como Negri mostrou, no pensamento contemporâneo ele se encontra próximo à ontologia de Deleuze e não à de Badiou, porque o mundo em sua interpretação aparece definido por uma singularidade irredutível e coletiva como princípio de transformação. É a ética que determina as discriminações singulares enquanto a dialética abre todos os caminhos universais vazios. É nesse sentido que Negri sustenta que a percepção ética privilegia as razões de uma vida contra aquelas da morte. Desse modo, apreende o tempo como tensão de duração do lado da intensidade da vida e não do da medida do código formal. A ética interpretativa que Negri propõe parte do ser absoluto que constrói as singularidades e seus modos para convergir no desenvolvimento das formas de vida e das novas instituições como desdobramento da racionalidade da potência.[25]

O grande dilema do século XX esteve marcado pela paixão do real que opõe a potência de invenção ética-interpretativa do mundo sensível como univocidade singular ao poder da univocidade do formalismo-lógico como a força despida dos códigos. O século culmina revelando sem solução duas posições enfrentadas no pensamento: ou a intensidade de uma vida em transformação movida pela diferença eficiente interna de sua interpretação ética no mundo histórico, ou a axiomática unificada que submete à demonstração de sua própria coerência ao formalismo sem contingência histórica. Trata-se de dois modos da ontologia: o de uma singularidade ética que abre os caminhos da razão intensiva política comum e o da universalidade matemática, anônima e integral que abre os caminhos políticos do acontecimento.

Negri mostra que o sintoma presente do biocapitalismo do qual nascem instituições sempre novas é a "indignação" que dá lugar à "sedição" da multidão. Este é o acontecimento ético de uma democracia eterna e singular, em nossa vida política: a potência que desenvolve o caminho em direção a uma democracia absoluta contra qualquer forma de *imperium*.

---

[25] Cf. SN, "Spinoza y nosotros" [<<Spinoza e nós>>], p. 10 e "¿Quién le teme a una ontología positiva?" ["Quem teme uma ontologia positiva?"], p. 29 e ss. Em ambos os apartados, Negri toma partido pela filosofia de Deleuze frente a Badiou por razões ontológicas em suas distintas concepções do infinito e pela conformação da subjetividade entre ontologia e política.

II

DA COMPOSIÇÃO POLÍTICA

Indignatio

A multidão joga sua capacidade de abertura e assume seu principal risco com a indignação. Indignação afirmativa que descobre os coletivos ante o perigo da decomposição na ordem da afeição, isto é, um risco que se joga ao nível da própria afirmação, uma negatividade que não pode ser separada ou imaginada como ponto de vista exterior e já consolidado. O problema da multidão na vida contemporânea é bem complexo, já que enfrenta duas imagens tão contrapostas como imprecisas: por um lado, uma versão que mostra a multidão cidadã, "as pessoas" manifestando sua saturação enquanto sujeito cívico, de vontade transparente, inquestionável por sua honestidade despejada de maneira "espontânea" nas ruas; por outro lado, um questionamento que alerta sobre a reunião na cidade — e parece que se trata de um dos destinos possíveis das metrópoles — de uma paixão mais do que concreta, como é a cólera, com um descolamento do mais abstrato respeito de qualquer condição histórica. Este chamado à atenção visualiza uma mistura molotov quando a bronca das multidões não reconhece história — ou histórias — onde aferrar-se, amplificando assim a partir do corpo fugazmente da rua, enunciados abstratos por serem generalizantes, quase propostas que se correspondem facilmente com as formas de captura do momento (sobretudo midiáticas). Uma prática de ordens vazias que, curiosamente por direita, poder-se-ia associar às retóricas de esquerdas ortodoxas... Certamente, contamos com exemplos passíveis de tais advertências. No entanto, não podemos transformar a multidão (e com isso o conceito de multidão) na nota jornalística de exteriores preferida da televisão mais difundida, já que desse modo correríamos o risco de subtrair densidade problemática à dama das superfícies. Em todo caso, o problema é o da "multidão televisada" como parte essencial de um regime que faz de uma forma de visibilidade uma forma imediata de ser ou uma forma de ser imediato.

A cena contemporânea está marcada pela indignação entre um nostálgico povo sustentado por caprichos ideológicos e uma multidão ambígua cujas bifurcações não incluem o imprevisível e sim que são elas mesmas imprevisíveis. Mas ambos, povo e multidão, recolhem da história problemas para um e outra que supõem potências específicas. Entre o povo memorioso e a multidão imediata está em jogo a possibilidade de uma pergunta presente e efetiva por formas de emancipação inscritas em histórias corpóreas atentas ao perigo de transformar o repúdio em reação. Entre o povo identitário e a abertura oferecida à cidade como um buraco sem fundo pela multidão, apresenta-se a possibilidade de um coletivo múltiplo em sua constituição capaz de habitar a tensão irredutível entre *potentia* e *potestas* em seu movimento. O ponto de vista da multidão — olhar ontológico — potencia emergências populares tendentes a universalizar disponibilidades antes que a organizar corporalidades. Entre comunidade organizada e organização comunitária a multidão é indício e potência de construção do comum, mas, é claro, sem garantias. O caminho que Negri traça vai da indignação como rebeldia ante o que bloqueia e decompõe as energias constituintes do comum, à multidão como abertura de novos modos de agir, novas relações que lutam por instituições e dispositivos acordes à potência efetiva da vida coletiva. Sua filosofia inteira se dá nessa aposta.

Na terceira parte de *Ética*, na proposição XXII, no meio do Escólio, Spinoza desliza uma rápida definição da indignação como o "ódio por aquele que fez mal a outro". Nesta zona da *Ética*, transitamos ainda a trama das paixões, isto é, aquelas afeições que dependem em grande medida de princípios exteriores e disposições imaginárias. De modo que o corpo não revela, nesse registro, sua máxima expressão da potência e, como Spinoza não é um amante das promessas, concentra-se no reconhecimento de afeições entremescladas para distinguir as que alimentam a perseverança do *conatus* e favorecem o esforço — que nada tem de sacrificial — das que supõem um gasto pouco conveniente de energias. Assim, na proposição XXIII, propõe: "Quem se imagina afetado de tristeza por aquilo a que odeia se alegrará; se, ao contrário, imagina que está afetado de alegria, afligir-se-á...". Tanto a alegria originada no ódio, como a aflição — um ódio renovado — afastam os corpos de suas possibilidades de composição, os mantêm entretidos em um regozijo de mundinho; isto é, obturam a possibilidade de criação de mundo a favor de uma lógica de reduto.

Mas trata-se da indignação moral, sempre confinada ao âmbito individual da queixa? Esse tipo de indignação se reduz a uma catarse falida, a um modo de transformar em ressentimento a impotência, isto é, ao bloqueio da perseverança ou à dificuldade para transformar as condições de existência. Interessa-nos, por outro lado, uma dimensão política da indignação: se nos indignamos "contra aquele que inferiu um dano" a nosso semelhante, é porque nos importa o mal feito em seu agir em relação a outro enquanto subtrai condições de possibilidade à afetividade comum. Então, se o pequeno envenena e pode produzir grandes males, a grandiloquência não é o melhor modo de rebater o perigo, e sim uma prudência fundada na inteligência afetiva da qual qualquer corpo é capaz. O comum aparece como um plano horizontal disposto ao trabalho compositivo e cooperativo dos corpos em permanente formação, de modo que a indignação que conecta com essa energia social se parece mais com uma forma de rebeldia contra o que diminui a potência comum do que à obstinação de quem, enredado em uma relação mais ou menos imediata de ódio, desdobra-se no curto prazo de sua individualidade.

Negri e Hardt sustentam que a indignação revela o modo em que "a revolta está radicada no comum".[26] Assim calibram o enunciado ético com uma dimensão eminentemente política e abrem uma interrogação: é possível uma indignação afirmativa? A indignação é ponto de partida de um gesto político sempre que se assuma ativamente como ódio frente ao mal infligido ao comum em permanente movimento e constituição. Assim, o mal feito a outro é estrategicamente homologado a um mal feito ao comum, ao que acontece em e produz o comum, à capacidade de associação e criação de seus agentes. Não é que passemos de um tipo de indignação, aquela moral, a outra, mais política, e sim que ambas respondem a instâncias e, porque não, a apostas radicalmente diferentes.

---

[26] Cf. Antonio Negri e Michael Hardt, *Comune. Oltre il privato e il pubblico*. Bergamo: Rizzoli, 2010.

A indignação política e prudente pode ser tanto uma sinalização como um alerta: está em jogo a dignidade. De que tipo de dignidade se trata se persistimos na distância crítica frente a uma moral das formas e das essências transcendentes? A dignidade é a relação que abre a possibilidade de pensar em termos de dignificação. Isto é, de transformação do que acontece em um fato favorável para o *conatus*: em uma afeição imediatamente alegre de uma prontidão paradoxal alcançada por um trabalho em torno de uma reformulação do comum. Uma prontidão alcançada paradoxalmente, por um trabalho da razão qualitativa, distante dos regimes de necessidades e opiniões imediatas, propõe que o político é um vislumbre de transformação. O político entendido como situação é inerente à constituição de formas de vida e distante da gestão que se tornou especialidade sobre a vida.

Dessa perspectiva, a dignidade não é uma categoria moral, já que não se é digno em si mesmo nem por obra de um parâmetro transcendente. Só se é digno do que acontece em uma vida imanente e imprevisível. Nunca chegará o decálogo da dignidade, nem a lista negra definitiva dos males deste mundo; em compensação, contamos com instâncias de indignação como signos da eterna rebeldia dos corpos, de sua inquietude constitutiva que sempre se tensiona com seu ímpeto repetitivo. De modo que, recuperar ou inclusive inventar certa dignidade supõe indignação no comum, indignação política frente às condições que impedem ou despotencializam essa relação irredutível com o que acontece. O que acontece é dom ou violência e nos empurra a pensar e a nos forjar uma vida, com a complexidade de que o *outro* é também o que *nos* acontece.

Uma etimologia de "dignidade" — que genealogiza a raiz *dek* — permite-nos extremar a interpretação: dignidade supõe aceitação radical do que é. Por seu lado, devemos a uma filosofia como a de Nietzsche provocar a pensar a aceitação, para além do drama e da resignação, como tragédia e, por sua vez, a tragédia como amor ao real. Nesse sentido, a dignidade como *amor fati* se dá entre a aceitação amorosa, às vezes ríspida, do que acontece e as consequências políticas de uma ética como arte de fazer *com* o que acontece. A Ética é, ao nosso juízo, o nervo do *amor fati* de Nietzsche para além dos juízos que esgrimiu sobre Spinoza:[27] trata-se de querer o que advém e suas consequências, de querer o acontecimento e seus efeitos. Só assim resulta possível constituir-se e agir a partir do afeto como princípio.

A manifestação da indignação, quando a opção excede a esfera da opinião e do ensimesmamento ressentido, pode tornar-se o canal de expressão de uma potência de agir que parte do real. Momento em que os corpos, cansados da sofisticação do poder, ingressam na complexidade das lutas. Se "dentro-contra" é — segundo Negri e Hardt — o modo concreto e situado de pensar uma luta, a indignação da opinião é o modo alheio e antipolítico de tratar o comum. O ressentimento sempre se dispõe para fora e contra qualquer cooperação afetiva e política construtiva unindo-se pela negação das misérias. Assim, o indignado corre o risco de se transformar em uma vítima permanente. Isto é, vítima de sua posição de vítima. Em uma linha genealógica, "vítima" é um termo que conecta o sacrifício

---

[27] Cf. Frederich Nietzsche, *La gaya ciência*. Madri: Alianza, 2003, aforismo 349 e 372; *Más allá del bien y del mal*. Madri: EDAF, 2006, aforismo 198. Negri toma partido frente a eles. Cf. SN, C. III, p. 79 e ss.

à glorificação, outorgando certo valor ao padecimento até se transformar em conformismo. Finalmente, o sacrificado é o ato político.

A figura de nosso tempo é a vítima que se declara em estado de sofrimento e ao mesmo tempo se justifica nesse sofrimento como impotente para modificar sua situação. Passa de vítima real de um fato concreto a vítima subjetivada da vida em geral. É o caminho oposto ao horizonte dos gêneros de conhecimento de Spinoza, já que o corpo vitimizado supõe uma subjetividade ligada às paixões imediatas, logo transformadas em uma espécie de direito a não pensar. A vítima torna suportável o insuportável à custa de resignar o menor resquício de potência proveniente do mal-estar. Assim, a identificação contemporânea entre indignado e vítima oferecida pelos meios massivos de comunicação torna ininteligível a indignação proveniente de uma relação real com o que acontece e cria um insistente recalque do culto à vítima, afastando a potência dessa relação que chamamos de dignidade.

Por outro lado, não tem sentido identificar a indignação contemporânea com uma revolução futura. A indignação expressa um excedente presente, uma potência corporal atual e sempre por vir — onde "porvir" significa abertura. Não se trata da tomada de consciência, nem da construção racional de um sujeito; bastaria apenas prestar atenção ao *plus* que vive no mal-estar, no incômodo que percorre os corpos mesmo quando parecem mansos cumprir o roteiro de sua rotina. Etiene De La Böetie, exercitando-se na simplicidade radical, faz perceber a passagem de uma relação, a de servidão, para outra, libertária, como um sóbrio gesto: "Os homens não desejam a liberdade sozinha, pela simples razão, no meu entender, de que se a desejassem a teriam".[28]

Em uma passagem de *Comune...*, no coração de uma espécie de genealogia das tensões entre modernidade e antimodernidade, Negri e Hardt recuperam a figura de Caliban, o selvagem escravizado por Próspero, personagem de *A tempestade*, de William Shakespeare. A alusão à versão europeia do canibal, da besta caribenha, em resumo a figura de uma América percebida como terra incerta onde seres disformes são, ao mesmo tempo, o sem limite da natureza e o limite de toda civilização possível, é estratégica na hora de revalorizar as lutas anticoloniais. Trata-se do "encontro com a potência selvagem dos monstros",[29] mas não no sentido dialético de um choque entre opostos — de fato, Negri e Hardt se propõem explicitamente a ir além da *Dialética do iluminismo*, de Adorno e Horkheimer —, e sim na direção cara a Spinoza, de uma sensibilidade, desta vez, atenta às forças inventivas da vida. A potência da imaginação como canal de vinculação daquilo que há de comum entre os corpos e os pensamentos, como parte de uma força material de um coeficiente renovado. Daí o valor das "noções comuns" enquanto, ao mesmo tempo em que conservam o excedente que abriga em todo encontro inesperado e em todo ato imaginativo, torna-se o principal instrumento de ampliação das liberdades desejadas.

Quando em Spinoza se insinua a "democracia absoluta", o poder da multidão é o que conta como potência e se apresenta como poder relativo enquanto possibilidade, mas nunca parcializado de antemão. O modo em que se

---

[28] Cf. Etienne De La Böetie, *Discurso de la servidumbre voluntaria o el Contra uno*. Madri: Tecnos, 1986.

[29] Cf. Antonio Negri e Michael Hardt, *Comune. Oltre il privato e il pubblico*, op cit., p. 105.

dá esse "absoluto", entre democracia e multidão, nada tem a ver com as formas monárquicas e aristocráticas que, em compensação, detenham um poder chamado "absoluto", mas originado e praticado a partir de um interesse particular. O absoluto de uma multidão considerada no plano ontológico é o conjunto das condições e dos desdobramentos vitais: é um poder que não está dito de uma vez por todas e sim que incorpora em seu movimento os possíveis e porvires. Trata-se de um poder que não domina: dirime e cria condições para os diferentes graus de potência. A multidão, mesmo protagonizando uma cena, vive, em última instância, como um resíduo ilegível para qualquer instância representativa, sempre retorna com a força do disforme porque afeta à representação a partir de sua autonomia, pela busca de uma igualdade livre de modelo e pela presença real imediata. Ainda que se apresente pouco ou nada programática, não deixa de produzir efeitos, como marcas de uma história aberta por ela.

Spinoza nos permite adotar o ponto de vista da potência comum que atravessa os corpos, que não é outra coisa que a multidão como ponto de vista: condição para qualquer política de terra adentro e para uma filosofia dos *bas-fonds*. Entre ética e política, adverte que os homens tendem à ambição quando não conseguem se conduzir mais do que por seus apetites e paixões que lhes são consubstanciais. Mas se, como também propõe Spinoza, não estamos *a priori* preparados para incrementar nossa capacidade de agir e nos vincular mas, ao contrário, estamos expostos desde um princípio aos encontros ruins, corremos o risco, com a moral sobre os ombros, de institucionalizar a impotência e consolidar a tristeza como modo de relação que desemboca inevitavelmente no único problema das formas de governo. Uma ética adquire consistência na longa preparação de uma arte vital que transforma o perigo imaginário em imaginação de mundos possíveis concretos, que torna desnecessário o amor ao poder na medida em que propicia certa destreza na composição a partir do amor ao real como o positivamente existente. Não há lugar ali para uma lógica da falta e da compensação, nem vazio para as almas caridosas ou as vontades pedagógicas. Em resumo, decresce a importância do governo dos outros e até se torna pouco conveniente. Em Spinoza o poder e sua legitimidade se tornariam um problema vazio, inclusive poderiam conformar um falso problema.

A República e a democracia aparecem como figuras aceitáveis no século XVII, levando em conta a vigência das forças religiosas e as formas despóticas. Não há em Spinoza uma apologia da República em si mesma. Pareceria que em seu pensamento político se trata de umas regras simples como condição do desejo, antes que de normas punitivas, frequentemente instrumentos de um triste gozo. Se o castigo é gozoso como a retórica heroica e o discurso instrutivo próprio dos governantes, a regra nos alivia de nossas próprias paixões eximindo-nos de suportar em solidão todos os dilemas que o mundo faz pesar sobre nossa constituição subjetiva; e com sorte nos habilita um tempo de alegre convivência com os outros. De fato, o laço social não está em contradição com a existência individual, e sim se mostra como sua faceta mais potente, justamente, por alcançar maior capacidade de agir dos corpos e graus de eternidade das mentes. Nesse sentido, o problema da organização dos coletivos na multidão passa pela capacidade de se forjar as próprias regras na imanência dos processos singulares, regras próprias da autoafeição e de grande utilidade para as composições, boas e baratas, como mandaria uma cultura gastronômica no tempo da "multidão dos pobres".[30]

De que maneira a *multidão* entra em jogo entre o século XVII e um pensamento contemporâneo? Para Negri, "multidão" é o nome da potência atuante dos corpos, voltados para sua cara coletiva. Isto é, enquanto estes de desdobram capazes de inventar o comum — sempre como subjetivação política da *potentia*. A multidão, não se diz necessariamente das multidões tomando as ruas, embora haja manifestações conjunturais que façam pensar nela; tampouco se trata de um novo sujeito político, embora coloque em crise a persistência de categorias recostadas sobre o suposto de sujeitos políticos de antanho. A multidão está entre nós e aparece ambivalente.

Do que está feita essa "ambivalência" que Paolo Virno[31] caracterizou com lucidez? Que traços ontológicos nos fariam pensar na multidão além da afirmação plena dos muitos como potência compositiva, terreno político de incremento da capacidade coletiva de agir? Se nos remetermos ao perigo tácito no fato de que os "muitos" avancem na cena pública em condições de desconhecimento das causas de sua atividade, parecem inevitáveis os ecos a Hobbes ainda no maior voo republicano que imagina novas instituições. Se tomarmos exemplos históricos e conjunturais de manifestações contrarreformistas ou guinadas conservadoras de grande escala para alertar sobre possíveis laivos reacionários da multidão, corremos

[30] Assumimos o giro retórico que Negri e Hardt dão em *Comune...* ao conceito de *multidão*.
[31] Cf. Paolo Virno, *Ambivalencia de la multitud. Entre la innovación y la negatividade.* Buenos Aires: Tinta Limón, 2006.

o risco, mesmo acertando, de reduzir o pensamento à hora ideológica.

Agora, a que chamaríamos um pensamento da multidão? Em princípio, um pensamento da multidão assume o político para além da sobrevivência, não é uma teoria social nem uma filosofia política ocupada com as formas de governo ou somente com a jurisprudência; tampouco é uma literatura do medo, nem muito menos a engenharia de um chiqueirinho de homens lobos. Ao contrário, trata-se da hipótese de uma razão sensível que retira os privilégios filosófico políticos do medo e assume a "democracia radical" como uma totalidade dinâmica que amplia as condições de existência. Vale esclarecer que um governo tal da razão não equivale, nem muito menos, ao governo dos razoáveis...

Um pensamento da multidão permite, inclusive, afastar-se do tom negativo que arrasta a caracterização da "ambivalência" e, por que não, arriscar um sentido polivalente. Não poucas vezes, a aparente inconsistência da multidão é visualizada como um déficit a partir de posições extremamente conjunturais que procedem como um empirismo plano. A crítica mais frequente fala da dissolução e da ausência de resultados de movimentos cujo entusiasmo inicial se reduziria a um voluntarismo pouco realista, escassamente atento às relações de força efetivas, carente de leitura da "política real". No entanto, os supostos analfabetos políticos, não poucas vezes contam entre sua razão rebelde — de uma rebeldia que não vale por si mesma como surgindo do vazio — com uma expediência da vertigem da potência que não está marcada pelo medo.

Enquanto os bem-intencionados mestres da "política real" distinguem entre amigos do possível e voluntaristas — em geral funcionais aos conservadorismos —, as experiências de multidão reinventam perguntas de caráter emancipatório que, por sua natureza, estão disponíveis, não sem riscos, para todos. Um pensamento da multidão se coloca como problema: habilitar e resguardar a possibilidade de um mínimo de ocasiões que permitam ou pelo menos não obstaculizem estar à altura da potência de uns vínculos. A militância dessa política é a investigação sobre a dignidade advinda de processos de situações concretas. Seus gestos são simples: resistir, possibilitar, cuidar, criar. Como contrapartida, a política conjunturalista, além das estratégias retóricas, parte da ideia do Estado inalienável ou outras formas de comando, erigindo o *governo* como fundamento último da organização das forças vivas da sociedade[32]. Por isso a militância conjuntural se organiza com frequência verticalmente em torno do mando, ao mesmo tempo em que se parece com um regime heroico que, no pior dos casos, parece rezar: "pelos outros, mas sem os outros".

Segundo essa proposta, estão em jogo dois modos de pensar a relação temporal da emancipação. Por um lado, as políticas conjunturais pensam em termos de libertação do povo e se remetem à eficácia de certas mediações que atuam — e é parte de sua eficácia — imediatamente nos atores políticos como mito ou como cálculo. Enquanto isso, uma política da multidão pensa o imediatamente potente dos corpos em relação às fábulas das quais são capazes,

---

[32] Nos três livros sobre Spinoza, em Negri aparece com clareza o problema da assimetria entre *potentia* e *potestas*: "a irredutibilidade do desenvolvimento do desejo constituinte (social, coletivo) à produção (também necessária) das normas da organização e do comando".

isto é, não um espontaneismo que desconhece a existência inevitável de mediações e dispositivos complexos — começando pela língua —, e sim um pensamento que reconhece a emancipação como o tipo de mediação imanente à imediata potência dos corpos funcionando coletivamente. A especificidade de um pensamento emancipatório consiste em colocar as mediações não como sistemas de legitimação de ações e enunciados posteriores, e sim como partes de um processo singular irrepresentável como um todo. A multidão, os muitos, os do montão, figuras da invenção política e sua disponibilidade ao comum. Trata-se, simplesmente, da democracia radical, das instituições como laboratórios que ensaiam formas de se enfrentar com a conflitividade e as tensões inevitáveis, não entre poderes constituídos mas entre potência e poder, entre intervalos de criação e gestão do dado.

O intérprete Stuart Hampshire aponta uma coincidência entre Hobbes e Spinoza na "alegação de que a obediência e o consenso políticos podem se justificar do ponto de vista do próprio interesse racional se, e apenas se, se puder demonstrar que a obediência consiste na aceitação de dois males, sendo sempre o mal maior a anarquia e a insegurança". No entanto, este cálculo do mal menor funcionaria de maneiras diferentes em Hobbes e em Spinoza. Enquanto Hobbes transforma uma concepção cautelar relativa em uma passagem ontológica do estado de natureza ao Estado Civil, Spinoza permanece na perseverança do ser como imanência produtiva. Isto é, no desejo (*conatus*) como medida de todo ato político. A cautela está ligada à preservação frente aos encontros ou tipos de relações que ameaçam transtornar o sujeito ou corpo político em questão. Corpo, por outro lado, aberto e sempre em processo de constituição. De fato, a conformação de um corpo político fechado e defensivo é também uma ameaça de transtorno a longo prazo.

Para Stuart Hampshire "anarquia" significa, no vocabulário de Hobbes, um estado caótico e um caldo de cultivo do medo generalizado que só pode desembocar na destruição do homem pelo homem. Mas para Spinoza o problema é outro, já que não teme as relações sociais em transformação. Em todo caso, preocupa-lhe o ponto em que o acaso como princípio externo se impõe à possibilidade de um domínio racional sobre si, entendendo que se trata de uma racionalidade sensível que não parte da separação entre inteligência e afeto. Mostra que a dificuldade dos homens no caminho das decisões sobre a vida coletiva não se concentra no ponto da periculosidade e sim na disposição para a construção de vínculos capazes de potencializar a condição já excedente do homem como animal problematizado pelo *conatus*. De modo que o horizonte de sentido político passa — para além de sua captura em formas de poder — pelas condições de possibilidade do comum, segundo diversos modos, antes do que pelo problema das formas de governo.[33]

Novamente, quando se fala de poder absoluto da multidão como democracia absoluta não há sujeito político *a priori* (rei, príncipe, Estado, grupo econômico...), nem objeto de governo necessário (povo, massa, gente...), e sim processos de relação que determinam modos de subjetivação e formas singulares de enunciação como expressões

---

[33] Cf. Antonio Negri, "Democracia y eternidad en Spinoza", op. cit. O *imperium democraticum* é um "poder constituinte". (...) Não é um ideal, e sim é a força atual que destrói o estado de coisas presentes, quando este se caracteriza pelo medo, o terror ou a morte. A democracia spinozista não é, então, uma forma de governo, e sim uma atividade social de transformação, um "eterno devir".

de formas de vida. A multidão pode ser fonte de minorias ativas com vistas ao comum e, dada sua ambivalência — ou melhor, multivalência — constitutiva, é o marco de aprendizagens perceptivas e afetivas. Como corpo político heterogêneo se deve a uma arte dos encontros e à capacidade de conjurar as misérias que despotencializam os vínculos, de conter e reconduzir as paixões que tendem a interromper a perseverança. Nesta abordagem do político o processo é tudo, não porque não interesse o resultado. De nenhuma maneira se observa em Spinoza uma moral que nos diga "o importante é tentar", que seria, afinal de contas, o consolo do voluntarismo. O processo é tudo porque o núcleo de uma ética passa também pelas perguntas que habilita, pela capacidade de se propor os próprios problemas segundo as afeições imanentes ao devir da substância e seus modos. Os resultados ou supostas soluções se dizem da própria proposição de problemas e são só uma cara do processo, embora às vezes apareça como a mais importante. O barro da história e dos desejos fala e até pensa para além das vontades.

Talvez o desafio latino-americano passe por reunir *multidão* e *povo* — por amalgamar potência e composição para além da identidade e seus perigos —, ganhando, deste modo, a multidão consistência histórica e perdendo o povo sua condição identitária e seu histórico papel de corpo político de uma obediência substancial. A multidão como "carne que se autogoverna",[34] é capaz de conhecer no maior grau possível as causas de suas afeições, neutralizando a transferência transcendente da potência ao poder. Por seu lado, o povo como fabulação coletiva

---

[34] Cf. Antonio Negri e Michael Hardt, *Multitud. Guerra y democracia en la era del império*. Barcelona: Debate, 2004.

conforma uma narrativa necessária historicamente para a criação e ampliação de horizontes de sentido.

Da obediência

Uma pergunta que reúne ética e política poderia ser formulada do seguinte modo: em que contexto ou com que mínimo de tutela — ou máximo de autogestão — nos encontraríamos em condições de "chegar a ser maximamente causa de nós mesmos?"[35] Mas esse "mínimo de tutela" não é, por acaso, um mínimo de negatividade? Entre a administração de uma espécie de excedente pulsional e a invenção de formas de institucionalidade adequadas às multiplicidades vitais em relação, repete-se a pergunta pela vida coletiva e as decisões como emergentes das capacidades políticas do comum.

Por outro lado, o que faz um sistema ou uma proposta política com a figura do "homem"? O homem é mais e menos que um corpo que "persevera em seu ser". É mais, pelo nível de abstração que necessita impor para dar por concluído o processo de individualização constitutivo de qualquer homem — do homem qualquer — até se tornar o "Homem predicável". Ao mesmo tempo, é menos porque, enquanto categoria universal, limita a potência, renuncia ao potencial coletivo e retrocede na perseverança, que não é outra coisa que a insistência singular específica do existente. Nesse sentido, os homens só são inimigos entre si segundo o dispositivo que os atravessa e os reúne como homens enquanto os separa como corpos. Para imaginar

---

[35] Diego Tatián, *Una introducción a Spinoza*. Buenos Aires: Quadrata/ Biblioteca Nacional, 2012. Série: Una introducción.

um regime político a partir de uma das possíveis leituras de Spinoza é necessária certa renovação da linguagem política. Não se trataria da política como reprodução a escala da forma "homem", nem da deposição parcial da inimizade neutralizada de alguns governados mediante um contrato tácito de obediência. Uma tarefa política que dê conta desse pensamento não pode se distinguir de sua ontologia. O comum ou substância única em Spinoza se contrapõe à formação de universais e, nesse sentido, supõe princípios de funcionamento muito diferentes.

A capacidade de dirimir conflitos na multidão assume a existência de casos concretos de dificuldade, produto de encontros desafortunados, misérias coaguladas, paixões tristes, mas nunca inimizade essencial dos homens. Os coletivos produzem, são eminentemente produtivos, sempre segundo graus de violência que afetam a ideia abstrata do equilíbrio. O ponto de partida de um pensamento político não pode ser a obediência e sim o rechaço irrestrito a toda forma de servidão. O problema político fundamental é da ordem da produção, por isso Spinoza e Marx configuram, na obra de Negri, uma aliança vertiginosa. Nesse sentido, o poder real é o de invenção e geração dos corpos coletivos, como trabalho vivo e sua dimensão resulta irredutível ao número e ao governo. E não se trata de desconhecer ingenuamente as relações de domínio, e sim de atribuir-lhes o estatuto que lhes corresponde, em vez de produzir formas intelectuais de resignação como a denominada *real politik*.

O realismo de Spinoza passa por corroborar que os corpos vibram e se vêm às voltas com algumas paixões, e que os "perigos" entre os homens estão sempre ligados à sua condição produtiva: ao seu caráter excessivo que é condição de suas possibilidades de invenção. Então, não falta nada aos corpos, muito menos ordem ou organização exterior. É possível continuar sustentando a imagem de uma tutela? O problema todo radicaria na construção de um Estado pensante, capaz de inclinar a balança em direção ao ministério de desenvolvimento social retirando protagonismo do ministério do interior? Ou por acaso todo governo é um grande ministério do interior que encontra diferentes matizes segundo a ideologia consolidada em um dado momento? As respostas dependem do lugar que se outorgue, como problemas políticos, à obediência e à produção de modos de vida. Ou, melhor, se a política parte de um ou outro problema; se reveste um caráter ontológico ou se define como puro nível estratégico empírico. Exagerando a antinomia: ou bem a comunidade aberta — a comunidade dos sem comunidade — ou bem a comunidade organizada.

Por outro lado, em que medida o conceito de multidão dá conta da "comunidade dos que não têm comunidade"? Os que não têm comunidade *a priori*, os que nunca pertenceram a uma linhagem precisa, os que sofreram expulsões, assumem a tarefa de inventar-se uma comunidade sem a necessidade de organizar laços a partir de hábitos e crenças sustentados em valores homogêneos ou superstições de base... Só é preciso fé na potência, isto é, confiança em que um bom encontro com outros pode gerar melhores condições de existência, maior capacidade de autoafeição e menores níveis de sofrimento. Não estamos diante de uma proposta excessivamente ingênua? Mas, ao mesmo tempo, pode uma quota de ingenuidade resultar virtuosa em um pensamento político? Como Spinoza pensa os conflitos entre os homens? Por um lado, não se pergunta "quão perigoso pode ser um homem para outro homem e para si mesmo" (*homo homini lúpus*), por outro lado, está mais perto de perguntar-se "como assumir a complexa tarefa de viver juntos". Roland Barthes diz, em seu seminário publicado com o título de *Como viver juntos*,[36] que tanto a proteção na convivência, como a definição *a priori* de um território são "funções de clausura". O que é que permanece enclausurado na redução defensiva do *viver juntos*? A princípio, a possibilidade de produções comuns abertas, e de cooperações sem suspeita, capazes de assumir o risco do outro, inclusive do outro em si mesmo. Mas o outro em si mesmo não é mais do que um indicador que revela a insubstancialidade do sujeito, personagem atravessado por um lado de fora que se confunde com seu próprio movimento. Barthes, com sua voz de barítono, reza em seu seminário: "Sair é desproteger-se: a própria vida". O incômodo e a incerteza no território não geram por si próprias estilos políticos nem modos de vida, só comovem, atravessam os corpos e os rodeiam dessa "tendência a mudar" — com a qual Bergson definia o ser vivo —; mas os modos de conjurar e até negar a força dessa zona de indeterminação às vezes retornam como dispositivos sempre mais perigosos do que essa suposta periculosidade "natural" denunciada por parte da filosofia ocidental. Parece que no caminho temeroso rumo à felicidade terminamos por gerar formas de conjura da tristeza mais tristes que o conjurado.

Se em Hobbes já está dada a condição da neurose moderna sob a pergunta como organizar o perigo, em Spinoza o binômio é virtuoso: afirmação e cautela. Em seu princípio democrático são fundamentais a abertura e

---

[36] Cf. Roland Barthes, *Cómo vivir juntos*. Buenos Aires: Siglo XXI, 2003.

o cuidado, levando em conta que cuidado não é proteção. "Como viver juntos" é uma pergunta permanente e é parte do cuidado como exercício imanente da relação com os outros e do resguardo do habilitado pelos encontros, resguardo inclusive frente à possibilidade da paranoia institucionalizada. Spinoza é consciente e desenvolve toda uma teoria da problemática das paixões. Por um lado, os corpos são a condição de seu próprio excesso; por outro, sempre correm o risco de ser governados por princípios exteriores.

Lê-se em Spinoza uma dupla aposta pelo comum como natureza única e produtora, e pelo comum em termos de regime político, de construção: do comum ao comum. Não existe corpo político separado do cuidado — transformado pelos sistemas de dominação em proteção —, não há possibilidade de democracia real — ou radical, como insistem Negri e Hardt — se os corpos reduzem sua capacidade de agir para a obediência ou a administração de formas de governo, renunciando à sua unidade com a alma como dimensão do pensamento. São os especialistas contemporâneos na alma ou os especialistas no pensamento e na estratégia que nos lembram permanentemente quão perigoso é o homem para si mesmo e para os outros ou, em seu reverso, quão supérflua é a vida e quão prazerosa poderia ser se nos sacrificarmos o suficiente. Dramatização e banalização caminham de mãos dadas.

Para Negri e Hardt "O poder não é primário e a resistência ontologicamente e temporalmente secundária. (...) A liberdade dos sujeitos é prioritária em relação ao exercício do poder. Nesse sentido, a resistência não é outra coisa que o esforço por ampliar, consolidar e reforçar esta liberdade".[37] O problema da democracia não pode se reduzir a uma argumentação defensiva, já que não se trata só de minimizar o perigo de algumas alternativas cujo rigor e crueldade a história nos mostra, e sim de potencializar as melhores versões coletivas no repertório de suas reais possibilidades. Se a democracia se caracteriza só por sua capacidade de limitar as capacidades e caprichos individuais em função de uma causa ou razão superior, a pergunta pela potência se perde em engenharias governamentais ou lógicas de chefaturas. A democracia radical dá conta dos limites da multidão como movimento de autorregulação, limites imanentes de um corpo que experimenta, inclusive, suas piores opções. Então a democracia radical é a forma política capaz de reconhecer os limites da multidão como vontade de domínio e seu alcance como criação de mundo? Se a democracia radical pode ser pensada como proliferação de expressões da "multidão dos pobres", enquanto "corpo político plural e aberto", o termo democracia não se identifica com um sistema de poderes nem se esgota em uma trama jurídica: a vida democrática, como reserva virtual de liberdade e como resistência atual *nos* regimes de poder, constitui uma democracia diferente de si mesma cujo único sujeito é uma *multidão* ou comunidade heterogênea que contém uma multiplicidade de processos de subjetivação.

Um dos maiores incômodos que as argumentações e justificativas dos sistemas tutelares e das formas de governo omnicompreensivas produzem passa pela assunção de um perigo ou uma versão negativa da potência como primeiro dado da experiência política.

---

[37] Cf. Antonio Negri e Michael Hardt, *Comune. Oltre il privato e il pubblico*, op cit.

Trata-se de uma ontologia renegada. Desse modo, a política aparece como um segundo tempo compensatório em relação com um Ser cuja primeira experiência está dada pela negatividade da vida ou a fragilidade como debilidade. Em semelhante esquema, exagerado por correntes espirituais como o cristianismo, predominam o medo e seu correlato, a esperança. Spinoza lembra em *Ética*, Escólio, Prop. XLVI que: "... a segurança, o desespero, o gozo e a consciência pesada são signos de ânimo impotente". Na demonstração da Proposição LIV define o arrependimento como signo de uma dupla impotência: explica que o arrependimento supõe a derrota "primeiro por um desejo perverso, depois pela tristeza". De modo que se os males podem ser evitados ou vencidos, o arrependimento é uma paixão vizinha da resignação. Por outro lado, no Escólio da mesma Proposição dá mostras de seu realismo político, quando diz: "Como raras vezes os homens vivem conforme o ditame da razão, estes dois afetos, a saber, a humildade e o arrependimento e, além disso, a esperança e o medo, acarretam mais utilidade do que prejuízo; e assim, como queira que se há de pecar, melhor que se peque por este lado. Efetivamente, se os homens pusilânimes fossem, todos, igualmente soberbos, se não se envergonhassem de nada nem temessem nada, como poderiam manter-se unidos e controlados? A multidão infunde medo quando não se atemoriza com nada; por isso não deve nos surpreender que os profetas, que velam pela utilidade, não de uns poucos, mas do comum, recomendassem com tanto empenho a humildade, o arrependimento e o respeito. E a bem da verdade, aqueles que estão submetidos a estes afetos podem ser encaminhados muito mais facilmente que outros, a acabarem por viver sob a guia da razão, isto é, a que sejam livres e desfrutem da vida dos bem-aventurados".

Toda justificação do governo e do domínio arrasta dois inconvenientes fundamentais: a naturalização disso que Spinoza enuncia "Como *raras vezes* os homens vivem conforme o ditame da razão..." e a universalização da posição daquele que manda ou lidera. No primeiro caso, adota-se como dado estável o fato de que a maioria das vezes os homens agiriam conforme suas paixões tristes e propenderiam a formas de relação mais para autodestrutivas; no segundo caso, torna-se inquestionável a posição de mando como ponto de vista privilegiado e separado para organizar a vida em comum. Assim, a advertência de Spinoza para o *caso* em que não nos conduzimos de acordo com a razão aparece na justificação do princípio de governo como uma verdade para todos os casos. Uma verdade que se pode considerar total. A modernidade poderia ser definida segundo uma série de tensões que, como projeto irresolúvel, animam um pensamento político do presente: entre o comum e o universal, entre o singular e o particular, entre uma ética e uma moral, entre o autogoverno — ou a organização coletiva — e o comando. Finalmente, não há instância emancipatória que não se enfrente com a necessidade de desandar o longo caminho moderno da vontade de domínio. Trata-se de desandar o imperativo forjado sobre os corpos modernos: "Raciocinai, mas obedecei!", sem desprezar a razão cooperativa e expressiva como metafísica da força produtiva. É por esse caminho que Spinoza constitui uma alternativa à modernidade e traça uma ponte entre as éticas antigas e clássicas abrindo uma possibilidade simultaneamente atual e eterna.

BIOCAPITALISMO E CONSTITUIÇÃO POLÍTICA DO PRESENTE[1]

Antonio Negri

I

O conceito de "biocapitalismo" é um tema que apaixona tanto o meu trabalho como o dos companheiros e amigos que trabalham comigo neste período, já que nos provê os elementos que em certa medida constituem o fundamento de nossa crítica do presente. Uma crítica política do presente de frente para uma transformação capitalista e das instituições da democracia que é indubitavelmente muito consistente neste período.

Diz-se biocapitalismo em dois sentidos: o primeiro é aquele que indica um capitalismo industrial que se aplica fundamentalmente ao desenvolvimento das ciências biológicas e sua transformação em mercadoria, mas eu não me referirei a este ponto. Falarei mais de um segundo conceito de biocapitalismo que nomeia um capitalismo que, para sua valorização e para seu benefício, já investiu

[1] Este material corresponde à conferência proferida por Antonio Negri em 2 de novembro de 2012 na Casa del Bicentenario (Buenos Aires), convidado pela Universidad Nacional de Avellaneda. Eduardo Rinesi, Federico Galende e Eduardo Grüner participaram da atividade com sua escuta e intervenções.

para a totalidade da sociedade. E com a totalidade da sociedade, na vida humana, isto é, o conjunto da vida humana individual e social que é posta, enquanto tal, a trabalhar. É possível, a partir de alguns conceitos marxistas, pelos quais continuo muito ligado, chegar a uma definição de biocapitalismo? Eu diria, simplesmente, que sim.

Na realidade, a partir da grande crise dos anos 1970, com o final dos acordos petrolíferos, com a separação do valor da moeda do ouro — a incidente decisão do início dos anos 1970, de Kissinger — e com as reformas neoliberais dos anos 1980 foi posto em andamento um processo de reestruturação geral do sistema capitalista. O que foi que aconteceu como fundamento desta mudança geral? Aconteceu que as lutas operárias no centro do império americano e de suas conexões europeias, e as lutas de libertação do domínio colonial do terceiro mundo (do que então se chamava terceiro mundo), haviam ruído a possibilidade da regulação keynesiana tipicamente imperialista. O capital reuniu este desafio e promoveu uma forma de ampliação da capacidade capitalista de valorização, essa capacidade que chegará no final dos anos 1980 — entre os 1980 e os 1990 — às formas financeiras do capitalismo.

Agora, já nos anos 1970, os companheiros com os quais eu trabalhava haviam percebido essa passagem, um trajeto que levava da exploração direta dos operários nas fábricas, sempre em expansão, àquilo que chamávamos naquela época de operário social, vale dizer, as conexões do trabalho e da valorização sobre o terreno social. Nós nos referíamos essencialmente às repetidas crises fiscais dos anos 1970, que o capital havia começado a resolver recorrendo aos fundos de pensão e aos seguros sociais para cobrir suas contas, as contas da acumulação. Então, a crise fiscal de Nova Iorque na metade dos anos 1970 foi resolvida dessa maneira. O que havia acontecido? Havia acontecido que o capital começava a considerar sua regulação não mais simplesmente na relação entre a fábrica e a sociedade, e sim diretamente no nível social, digamos, na relação entre a organização social do desenvolvimento, da economia, das formas de exploração do trabalho em geral e da vida, a vida dos cidadãos, a vida da população. Essa assunção, se se quiser, subsunção do trabalho pelo capital, tornava-se cada vez mais importante nos processos de acumulação, nos processos de exploração. E tudo ocorreu como salto das técnicas capitalistas de controle e de acumulação frente às que haviam acontecido as lutas operárias — que tinham seu poder político. Estas lutas se inscreviam no grande horizonte do século, em 1917.

Os operários podiam tomar o poder, era esta a grande épica que estava por trás de 1917: o triunfo do socialismo. O socialismo não era impossível. Estes dois dados caracterizaram o período de 1917 a 1989. Outros falarão de 1968, e provavelmente tenham razão... Mas, de todo modo, do ponto de vista da configuração histórica precisa, de 1917 a 1968 se vive na grande esperança do comunismo por um lado, e no terror dos "vermelhos", dos socialistas, por outro. Este fato caracteriza o longo período dos anos mil e novecentos. O que foi, então, que a luta operária impôs? Impôs, justamente, essa transformação do capital, o fato de que o capital para se sustentar tenha tido que aceitar entrar na vida, construir um *welfare*, o Estado da assistência, o Estado providência. A essa altura se dá, no entanto, uma passagem fundamental, já que na medida em que se estende de tal maneira o *welfare* torna-se ele mesmo elemento de produção, transforma a matéria sobre a qual se constrói o lucro, transforma a matéria sobre a qual se começa a construir inclusive valorização. Lembro de que nos anos 1970 alguns amigos que iam estudar no Haiti voltavam dizendo "cuidado que está ocorrendo um pandemônio". O que era este pandemônio? Eles me contavam de um instituto onde as compras se fragmentavam e organizavam segundo critérios contáveis, graças ao qual para cada intervenção médica se podia chegar a uma quantificação exata. Essa transformação supunha uma transformação em relação à vida, uma relação de exploração direta. Essas situações não significavam fatos escandalosos? Certamente, mas em outro sentido apareciam como totalmente úteis quando a relação de força se tornava esmagadora.

A partir dessa passagem fundamental, houve uma série de grandes economistas, companheiros, que já percebiam a importância dessa transformação, e que não se limitaram a resenhar essa passagem para o biocapitalismo que investia a vida.[2] Eram pequenos grupos que estudavam como o capitalismo exercia não só uma função de controle da sociedade, mas que entrava no corpo da vida. E claro que há elementos neoliberais que acompanham essa operação. Com essa quantificação da vida começa uma espécie de destituição do público estatal, de sua função clássica, de mediar as relações sociais e de mediar também as formas de exploração, sua quantidade e seu destino. Vê-se assim diminuída a função do Estado ante o avanço dos mercados financeiros e das organizações internacionais que começam a intervir com mais força nas regras do jogo. A exploração direta do *plus*, a exaltação do *Welfare* como base de valorização financeira, o mundo

---

[2] Refere-se a Daniel Cohen, Christian Mazarri, Carlo Vercellone, entre outros.

da produção de saúde, da garantia da infância e da velhice, a destruição da educação, etc. Um mundo que valoriza a chamada produção do homem pelo homem, que se torna matéria prima, ou melhor, o sangue que circula no sistema arterial do capital financeiro global. O mundo do trabalho explora enquanto *bios*, isto é, já não só como força de trabalho e sim como forma viva, não só como máquina de produção e sim como corpo comum da sociedade.

Essa é a primeira passagem da subsunção real do trabalho ao capital à subsunção da sociedade inteira ao capital. Depois, junto a esta transformação se dão outras que são muito importantes, ligadas à globalização dos mercados para além das velhas unidades nacionais. Mas talvez o mais notável seja a transformação do homem para além da fábrica, já que o valor tende a não residir mais na fábrica porque mudam os critérios de valorização. Como se determina, então, o valor do trabalho? É preciso levar em conta que inclusive o momento da produção é absorvido pela circulação de mercadorias, e resulta cada vez mais difícil determinar qual é o ponto no qual a produção se determina. Ao mesmo tempo, torna-se cada vez mais evidente que na circulação das mercadorias se determina de maneira ulterior a mais-valia. Não só porque ao circular as mercadorias acrescentam valor ao trabalho, mas porque circulando subsumem, reúnem o capital com a força de trabalho. É este elemento, extremamente importante, que penetra diretamente na produção, então não vai somente além da fábrica, mas também além da jornada trabalhista clássica.

Depois, uma transformação fundamental, uma metamorfose nos modos de produção da época pós- -industrial, pós-fabril, é a que nos mostra a emergência de processos de valorização cooperativos de exploração cognitiva, em suma, a passagem do trabalho material para o trabalho imaterial. Claro que com isto não quero dizer que haja desaparecido o trabalho material, ao contrário, o trabalho pesado, duro, está terrivelmente presente, presente demais. Estou dizendo simplesmente que o trabalho material é cada vez mais modelado por técnicas científicas e modificações tecnológicas que comportam a transformação da força de trabalho, que se torna cada vez mais força de trabalho intelectual, enquanto a informatização recolhe a mais-valia social de uma sociedade subsumida. Havíamos dito que chamar de imaterial o trabalho em certa medida e por diferentes motivos nos envergonhava, mas por outro lado, chamá-lo de trabalho social ou cognitivo, ou de trabalho cooperativo social era insuficiente, continuava faltando um nome que servisse para compreender esses processos. Por isso, quando falo de trabalho imaterial não me refiro somente a trabalhos que não suponham o maltrato dos corpos e sua fadiga (trabalhos que recusamos). Em todo caso, aparecem novas formas de maltrato que geram novas contradições ligadas a tudo o que a "inteligência" do comum produz, uma matéria (a inteligência) que não se consome, que se reativa permanentemente.

Outra característica dessa fase do biocapitalismo. Hoje, quando pensamos no modo de expansão do capitalismo, falamos de um capitalismo vencedor que se tornou global, que aumentou sua capacidade de fazer produzir para o capital ao mundo inteiro. Mas o capital não é um monarca, é uma relação social; de fato, se não houvesse trabalho vivo o capital não existiria. O capital vive da exploração e a exploração é uma relação. Se o capital tomasse tudo, se avançasse de um modo acumulativo e total, não seria mais capital. A imagem que a Escola de Frankfurt proporcionou em seu tempo resultou extremamente obscura, já que a alienação estava por todos os lugares, parecia cobrir tudo. Mas as coisas não são assim! Aí onde há reificação, onde há exploração capitalista, sempre há resistência. Resistência que evidencia que o capital é só uma forma de relação. E quanto mais a sociedade é subsumida pelo capital, tanto mais esta relação se torna um vínculo forte, importante. Quanto mais essa modificação do trabalho pressupõe a financiarização, a globalização e, sobretudo, a passagem do trabalho material para o trabalho imaterial, isto é, cognitivo, cooperativo, social, nós nos encontramos frente a um trabalho que, em sua relação com a patronal, em sua relação com o comando, digamos em termos marxistas, em sua relação com o capital constante, devém outra coisa. Por quê? A princípio, porque se desvaloriza a capacidade do capital para organizar o trabalho, isto é, um de seus pilares históricos. Quando os trabalhadores na sociedade — e, portanto, o trabalho na sociedade — começam a se organizar de maneira informatizada, a cooperar dotando-se de instrumentos próprios de colaboração, esta cooperação não depende mais imediatamente do capital, pode ser, para dizer de algum modo, arrancada do comando capitalista. Certamente, pode sê-lo segundo formas próprias da organização capitalista que subsume a sociedade e a vida, mas reconfigurando a relação capitalista de produção e exploração.

Dito de outra maneira, a capacidade de colocar em jogo energias intelectuais, que não se consumam como aquelas físicas no curso de uma jornada de trabalho, e sim que podem se renovar continuamente, o fato de colocar em jogo uma série de condições de cooperação social, por conseguinte de trabalho cognitivo, parece configurar — e do meu ponto de vista configura uma reapropriação do capital fixo pelo capital constante — uma espécie de autoimunização do trabalho social a respeito da capacidade de síntese que tem o capital, a capacidade de estreitar em torno de si todos os elementos da exploração. Estas condições se tornam para o capital algo notavelmente perigoso, porque revelam o fetichismo — como sugerem Marx ou Weber —, o elemento fetichista, isto é, a opinião, a crença, a fé na unidade do capital. É esta passagem que resulta particularmente interessante, e que determina uma série de contradições dos elementos que se relacionam fundamentalmente com a crise que vivemos hoje. A incidência das chamadas capacidades imateriais (inteligência, afetividade, comunicação, invenção de códigos, cooperação) na produtividade contemporânea nos torna portadores de capital fixo. Eis aí uma fonte de resistência nova que se dá no mesmo nível que as condições de exploração (nunca fora), no plano de imanência.[3]

Quais são esses elementos de contradição? Ou, melhor ainda, as características dos paradoxos da atual situação que, prestando atenção, nada tem a ver com uma situação clara ou linear. Dão-se novos fenômenos que, ao mesmo tempo em que permitem recuperar certa força de autonomia, devêm também movimentos complexos e elementos de bloqueio. O capital reage, sabemos bem, com a flexibilidade temporal da organização do trabalho, com

[3] Em uma entrevista realizada por Filippo Del Lucchese e Jason Smith, Antonio Negri sustenta que "Inclusive dentro da escravidão capitalista ainda somos rebeldes, fugitivos, nós nos tornamos selvagens. Ser móveis, inteligentes, possuir linguagens, ser capazes de liberdade, não é um dado natural, é uma potência maquinal, ou produto de uma resistência criativa" (<www.uninomede.org>, 01/08/201.1).

a mobilidade espacial da força de trabalho. Incrementa todos os elementos que podem acentuar a dificuldade da autonomia organizativa, descontrola as regras do *welfare*. Descontrola-as não simplesmente porque se tornaram elementos de sua acumulação, e sim as descontrola também politicamente porque não lhe interessa que não se reforme, e correr o risco de formar um antagonista elevado demais. Esta situação se apresenta em termos bastante caóticos, com um poder que tende a se exercitar de maneira contínua, uma *governance* com características de excepcionalidade. Mas não se trata da excepcionalidade como elemento pontual, como golpe, como decisão normativa, mas nos referimos a uma situação que devém sempre excepcional, portanto, uma espécie de emergência geral de todas as relações enquanto caóticas. E aparece como uma tentativa de bloqueio do tempo, da temporalidade.

Então, há pelo menos três paradoxos como pontos de referência em nossa proposta, embora mais adiante nós veremos que há também três contradições. Um primeiro paradoxo refere-se à produção. Vimos que a produção se torna tendencialmente imaterial, isto é, cognitiva, socialmente cooperativa, etc. Neste ponto sai à luz o elemento fundamental, que é o capital financeiro, aquele capaz de controlar este tipo de produção que se torna global e percorre o mundo. Só o capital financeiro tem as características de um capital constante que consegue interpretar o nível máximo de abstração. Então, nós nos encontramos imediatamente frente a esta contradição: que este capital financeiro é o elemento mais abstrato, mais móvel, mais fluido e mais líquido, mas que, por outro lado, deve entrar na vida de cada um de nós do modo mais concreto. Isto é, no mesmo momento que transcende essencialmente o mundo, o mundo produtivo, justo nesse momento nos explora até o sangue, nos morde em cada aspecto de nossas vidas. Então, o capitalismo financeiro representa a forma mais abstrata e separada de comando, ao mesmo tempo em que investe concretamente a vida inteira.

A reificação da vida, a alienação dos sujeitos se dão por um comando produtivo que, segundo o novo modo de produção, tornou-se transcendente. Só a força de trabalho cognitiva, mesmo quando é obrigada a produzir mais-valia, contém uma autonomia irredutível. Este é o elemento verdadeiramente novo da situação, o fato de que o trabalho cognitivo exalta a possibilidade dessa autonomia. E quando me refiro ao trabalho cognitivo o faço em uma linha de hegemonia — Ernesto Laclau, para além das minhas discordâncias com ele, trabalhou sobre o significado da hegemonia como elemento que funciona em um longo período. Então, desse ponto de vista, a valorização do trabalho cognitivo segundo seus ritmos, permite-nos compreender o trabalho cognitivo como capacidade tendencial de afirmação e ao trabalhador cognitivo, ao operário social, como portador de um elemento chave para o capital.

De modo que, baseando-se a produção essencialmente na cooperação, seja informática, seja sobretudo nos serviços, ou inclusive nas práticas de cura hospitalar, a alma do trabalho reside nos afetos. Como sempre, o que se paga é o que gera mais-valia: das linguagens aos novos códigos, todos elementos carregados de afetos que não são materialidade pura, e sim imaterialidade viva. Eis aí a medida na qual se dá esta transformação. A valorização do capital não se opõe mais (ou o faz cada vez em menor medida) à massificação do capital variável, isto é, à massa de dinheiro que é necessário dispor para os salários operários, e sim se opõe prioritariamente à resistência e à autonomia de um proletário que se reapropriou, talvez enquanto jogo de serviços, enquanto elemento móvel simplesmente, de uma parte do capital fixo. Em suma, um sujeito que eu chamaria, usando um termo de Deleuze e Guattari, um sujeito "maquínico". Esta contradição, este paradoxo, contrapõe às vezes de maneira violentíssima o capital constante em sua figura financeira ao capital variável (o assalariado) sob a forma híbrida que assume quando incorporou (por ter se reapropriado) o capital fixo. Dá-se simultaneamente a relação entre o capital variável, o trabalhador e este capital fixo, e a informatização como organização do trabalho que já faz parte da alma, do corpo, dos músculos, além da mente. Trata-se de uma nova concretização de realidade produtiva. Esta contradição exalta o capital implementando a verticalização do comando e, ao mesmo tempo, castra a relação propriamente material.

O segundo paradoxo é o da propriedade privada e, neste ponto, a questão é muito séria. Porque é a propriedade privada, aquela que juridicamente chamamos desse modo, que tende cada vez mais a se sujeitar a diversas formas de comando. Por um lado a renda: é claro que atrás do conceito de um capital constante que não comanda mais o trabalho — ou que delega de fato parte do que historicamente foi capital fixo — e que se torna financeiro, se exaltam suas capacidades monetárias em comparação às qualidades empresariais (empreendedoras) do capitalista. Essa passagem do lucro industrial para a renda financeira é um movimento interior ao capital. É inútil sustentar que o capital financeiro é parasitário, não significa nada, já que essa é a forma na qual o capital existe hoje, não há outra. A diferença passa pelo fato de que hoje nós nos topamos frontalmente como um capital rentista que se torna fundamental, central ante nossos problemas. A renda atualmente nasce dos processos de circulação que se efetuam nos serviços do capital financeiro e imobiliário, ou inclusive nos processos de valorização que se realizam nos serviços industriais. Exatamente, este expandir da renda de maneira tão proeminente é a primeira característica atual do capital. Quando os bens privados se apresentam como serviços, quando a produção capitalista se valoriza essencialmente através dos serviços, a propriedade privada não é mais posse, e sim um comando sobre a exploração da cooperação que constitui e torna produtivos os serviços.

Um episódio ilustra, em alguma medida, parte do problema: uns amigos relatavam que o aluguel da casa deles custava menos do que os serviços de água, gás e luz. Isto é, em alguns casos, a casa não é mais aquela posse a partir da qual seu dono se torna um homem independente — o homem lockeano —, agora os serviços o devoram e vive endividado mesmo tendo aparentemente resolvido a situação de sua moradia. Cada vez mais a propriedade assume essa forma. A renda se tornou a própria corrente sanguínea dos processos produtivos, para além dos voluntarismos da classe política. De fato, os chamados poderes públicos, cada vez que querem se apresentar como poderes soberanos balançam na corda bamba financeira.

Nas sociedades pós-industriais a mediação pública das relações de classe, das relações entre forças sociais, resulta cada vez mais difícil porque a própria soberania, isto é, a capacidade de emitir moeda, de comandar através do dinheiro, foi globalizada. E dentro da dinâmica do endividamento são os mercados que conseguem, que abstraem da capacidade de comando sua superposição e subsumem os poderes públicos. O soberano se depara cada vez menos com as corporações, os sindicatos, as instâncias coletivas do trabalho que, por outro lado, apresentavam-se a si mesmos como os sujeitos privados na economia liberal. Hoje se encontra com a cooperação, a circulação social de figuras que se compõem e se recompõem continuamente na produção material e na produção cognitiva. Se sustentamos a hipótese que propõe que a produção é fundamentalmente cognitiva e a cooperação social é o elemento produtivo social contemporâneo, podemos espreitar nesse nível as condições de invenção do Comum. Deduzimos que hoje a exploração advém sobre esta atividade fundamental, sobre esta capacidade de produzir signos, linguagens produtivas, códigos que organizam. Aí entra em jogo o Comum. Na Itália sucedem-se lutas desenvolvidas em torno dos bens comuns como a água, o ar e assim, todas as coisas sacrossantas, de grande importância, mas o verdadeiro Comum é outro: é aquilo que os homens produzem juntos, ao mesmo tempo, e que coincide com seu "fazer multidão". Embora esse conceito de unidade da atividade humana seja representado paradoxalmente pelo financeiro, enquanto se compõe de um complexo de atividades globais à maneira de um comando de exploração, é só *dentro* das formas de relação capitalistas atuais que existe esta comunidade, este Comum que trabalha e que produz.

O terceiro paradoxo é aquele que o *bio-capital* verifica quando se enfrenta com os corpos dos trabalhadores. Nesse ponto, o desencontro, a contradição, o antagonismo, fixam-se quando o capital tem que colocar os corpos humanos para produzir diretamente, tornando-os máquinas — e não simplesmente mercadorias —, trabalho. O que o capital costumava fazer? Comprava trabalho como uma mercadoria qualquer. Mas agora, em compensação, tem que colocar no centro da produção estes corpos maquínicos que em parte absorveram, como dizíamos no início, o capital fixo, isto é, os conhecimentos, a capacidade de produzir. É que o capital já não consegue explorar se não toma cada vez mais, de maneira sempre mais ativa, este tipo de força mental. Hoje não basta ao capital simplesmente reunir as forças produtivas, deve chegar ao mais íntimo dessas forças produtivas. Novamente, nós nos encontramos frente a situações bastante complexas: nos processos de produção contemporâneos, cada vez mais eficazmente, os corpos se especializam e conquistam certa autonomia. De modo que através da resistência da luta da força de trabalho maquínica se desenvolve cada vez mais expressamente a demanda de uma produção do homem pelo homem, trata-se da reconquista da produção do homem pelo homem, isto é, pela máquina vivente-homem.

Aqui se dá também outra modificação, sempre raciocinando a partir de termos marxistas. Que no momento no qual o trabalhador se reapropria de uma parte do capital fixo e se apresenta como ator cooperante nos processos de valorização, como sujeito precário embora autônomo na valorização do capital, dá-se uma completa inversão da função do trabalho com relação ao capital. O trabalhador não é mais o instrumento que o capital usa para conquistar a natureza, o que significa banalmente produzir mercadorias, mas que, tendo incorporado o instrumento, tendo metamorfoseado do ponto de vista antropológico, reconquista um valor de uso, age maquinalmente em alteridade, em uma autonomia em relação ao capital. É nesse ponto que se dá uma nova forma de luta de classes, na realidade, uma luta de classes biopolítica, um biopoder capitalista que começa a se corresponder com uma luta de classes no terreno biopolítico.

Esses três paradoxos permanecem irresolúveis no acionar do capital. Consequentemente, quando a resistência se torna forte, tanto mais pesada e às vezes feroz é a tentativa de restauração do poder por parte do Estado, órgão do capital. Assim, torna-se decisivo o abuso da violência por seu lado, enquanto toda resistência é condenada como exercício ilegal de contrapoder e toda manifestação ou revolta é definida como devastação, saque, etc. Ulterior paradoxo, embora desta vez se trate de pura mistificação, para o exercício do máximo de violência, o capital constata a necessidade de mostrar-se como figura inevitável e neutra. O máximo da violência é exercitado por instrumentos e por órgãos técnicos. Era Margareth Thatcher quem dizia: "Não há alternativa. A alternativa não existe". Logo, o comando se apresenta como um comando técnico. Se é esta a constituição política do presente, é evidente que uma primeira tarefa de cada trabalhador, mas também de todo estudioso desses problemas, é a de inventar e de construir novas instituições que correspondam à potência social da cooperação produtiva, e que desenvolvem a imaginação a partir das capacidades, do *General Intellect*, ou, se se preferir, do trabalho cognitivo.

Assim, em primeiro lugar, diante de um tipo de produção que se torna comando extremamente abstrato, mas que, enquanto capital financeiro, necessita chegar ao mais íntimo dos trabalhadores, é necessário assumir o desafio:

desenvolver formas de autovalorização, reapropriação progressiva do capital fixo incorporado nos processos produtivos, sociais. Resistência, apropriação, autovalorização, então, contra a multiplicação de operações de captura.

Reapropriar-se desse capital fixo na sociedade significa construir o Comum, um Comum que de todo modo se apresenta como uma arma à parte. Porque Comum não significa que todos estão de acordo. Isso não é verdade! O Comum é aquilo que uma vez se chamou de instância de emancipação, instância de ruptura. É se declarar juntos. No trabalho, na produção, na construção de modelos culturais, na construção de liberdade, além de igualdade. Significa efetivamente construir Comum, comum produtivo, isto é, dotar de subjetividade livre o fato de ser cooperantes. Reintroduzir estes princípios fundamentais constituintes, que se encontram na grande filosofia moderna. Não na filosofia do domínio, como a de Descartes ou a de Hegel, grandes reacionários que funcionam na história da filosofia. Ao contrário, reencontrar Maquiavel, Spinoza, Nietzsche. Vê-se aí este desejo de liberdade, que é parte da expressão mais profunda do homem, um desejo de construir uma sociedade como expressão do *nós*.

Em segundo lugar, o paradoxo da propriedade, isto é, ir além e contra aquele "privado" que já se tornou, por assim dizer, insignificante; mover-se também neste caso na reapropriação do capital fixo. De todo modo, é necessário, a esta altura, algum esclarecimento sobre o público. O socialismo, mas também outras formas, como o peronismo na Argentina, reformismos constituídos sob a defesa do Estado — sua representação como voz comum da nação — representaram, no fundo, um baluarte contra si mesmos. Apresentaram-se como baluartes contra a expropriação capitalista, mas algo não funcionou. Atualmente essa proposta está liquidada em termos de globalização, nós nos encontramos diante de um problema muito mais central que o de conseguir entender o que significa agir na globalização. Não se trata de passar por cima do Estado nação, porque evidentemente existem formas de convivência que se regulam também na proximidade do local. Mas é preciso se posicionar frente ao problema do domínio hoje. E o que é o domínio hoje? O domínio hoje consiste no dinheiro, consiste na globalização monetária. E é neste ponto que se trata de compreender o que quer dizer começar a trabalhar em torno de uma *moeda comum*. Isto é, uma moeda, uma forma monetária, uma forma de troca que porte consigo critérios de igualdade e liberdade. Trata-se de arrancar dos mercados sua capacidade de dominar o dinheiro e sobre essa base determinar hierarquias, estruturas de comando e, sobretudo, distribuir a possibilidade de fazer coisas, realizar desejos.[4] É fundamental pensar em termos de uma moeda do comum que seja uma moeda da multidão. Meter as mãos, esta é a verdadeira democracia. Não é uma contradição referir-se neste sentido à moeda, porque se trata do conjunto de necessidades e desejos que se podem desenvolver através da construção da moeda. E, novamente, esta moeda deve ser igualitária, deve ser uma capacidade de transformar o

---

[4] Em uma intervenção de outubro de 2012, Antonio Negri sustentou em Roma: "O dispositivo utópico que guia nossa prática subversiva consiste em impor uma convenção constitucional que funde e interprete uma 'moeda do comum'. A moeda é sempre uma instituição social que acompanha os intercâmbios, e todo valor social pode se expressar de forma monetária. Se a banca produz moeda e se hoje o faz como meio de produção, a democracia, o comando de 99%, deve se apoderar da regra das emissões monetárias e submetê-la à relação social na qual, atualmente, a forma do comum qualificou a cooperação produtiva" (<http://www.uninomade.org/costituzione-e-capitale-finanziario/>).

signo da moeda na cifra de um valor reconquistado, já que a questão fundamental é reconquistar o valor.

Finalmente, o último paradoxo se dá entre o biocapital e os corpos dos trabalhadores, situação que não acredito que seja superável sem a eliminação de um destes dois sujeitos. Porque o capitalista não pode prescindir do trabalhador, a questão que nos colocamos então é se o trabalhador pode prescindir do capitalista. É a única pergunta razoável que pode nos ser feita. Estamos frente a um sistema capitalista que, de certa maneira, cindiu-se, quebrou-se, já que o grande preço histórico do capital foi, exatamente, o de acumular e organizar o trabalho; mas hoje a organização do trabalho é, de algum modo, arrancada, começa a existir de fato esta autonomia, que consiste nos corpos e na mente, imaterialidade viva toda inteira ao interior da materialidade. Se é esta a situação atual, se a síntese capitalista da produção está se rompendo, está claro que o problema não é simplesmente o de interpretar, mas o de continuar nesse processo de ruptura, liberar, então, a força produtiva. Essa é a questão, liberar a força produtiva que — é preciso prestar atenção, tornou-se *bios* — devém até o fundo capacidade de gozar, capacidade de desenvolver desejos.

II

O Comum tem que ser caracterizado porque já está nas formas de produção contemporânea, trata-se, então, de explicitá-lo e tomar consciência disso. Penso no Comum e não no comunismo, não porque a palavra comunismo esteja *démodé*, nem porque a conquista do

Palácio de Inverno tenha deixado de ser um desejo, mas sim porque não vejo como algo conveniente "recuperar" o poder e ter uma ditadura. O comunismo foi produto de uma luta de classes massificada, enquanto hoje nós nos encontramos diante de um trabalho singularizado. Esta diferença não é uma simples diferença dos modos de produção, e sim uma diferença de estruturas históricas, produtivas e ontológicas. Há, então, uma diferença ontológica fundamental entre um conceito de massa, direção, vanguarda — porque a massa deve ser conduzida — e um conceito de multidão, de singularidades potentes, isto é, com uma potência e um desejo singularizados.

Quando falamos de trabalho cognitivo, não nos referimos a trabalho cognitivo massificado, e sim ao trabalho singularizado. Não falamos de trabalho individualizado, porque a singularidade vive na conexão, vive na linguagem. Nesse sentido, o conceito de indivíduo não funciona mais na produção contemporânea, funciona a singularidade enquanto cooperante. E esta cooperação é a chave ontológica, a andaimaria positiva da determinação. Agora, de que determinação se trata? Porque a palavra "comunismo" era muito interessante enquanto se podia pensar a partir de um salto ao político, da estrutura ontológica à estrutura política, à ação, à determinação. Em compensação, em torno da construção do Comum, não acredito que a dimensão ontológica e política sejam duas esferas separadas. Se o político nasce como vanguarda, como elemento de guia, como elemento institucional e normativo separado, trata-se de um conceito do século XIX da política, a política como transcendência. Certamente, passaram-se muitos anos. Neste momento tendo a pensar que a crítica da economia política, a crítica das formas de vida podem se permitir superá-lo.

Poderia assumir o discurso de um ponto de vista diverso, jogando, por exemplo, com a lei do valor. Fui dos que, dentro dos movimentos dos anos '70, falavam da crise da lei do valor, que era aplicada ao sindicalismo e às estruturas produtivas. Mas, evidentemente, isso não funcionava, já que não era a jornada trabalhista que podia explicar o que era a exploração. A socialização do trabalho fazia saltar os critérios determinados, exatos da relação salário-trabalho, etc. Mas hoje, paradoxalmente, a estrutura financeira do capital revaloriza a lei valor-trabalho, realça-a em sua complexidade. O capital entra em crise na medida em que se vê compelido a seguir a valorização, mas, enquanto deve ampliar continuamente o campo da valorização, por outro lado, não consegue fundá-la. Nós nos encontramos, então, diante deste estranho sobressalto que, na realidade, está na base do conceito de multidão. Um conceito que escapa de todo rumo, de toda possibilidade de considerar uma transcendência. Isto é o fundamental. Por outro lado, introduz as singularidades em um mecanismo de recomposição que não pode ser linear nem tornar-se uma esperança, um fim ou responder a uma teleologia. Singularidade não é individualidade, multidão é governo por sobre a solidão. Quando esta singularidade não está mais sozinha, quando a individualidade se dissolve justo diante de nós, acredito que a hipótese do político como ação que constitua comunidade pode dar-se perfeitamente.

Por que teríamos a necessidade de um príncipe? Esta é uma pergunta mais realista que as respostas provenientes de certa confiança nos contratos individualistas. Sempre e quando assumamos que hoje nos encontramos verdadeiramente em uma situação na qual o contexto produtivo se tornou vital, articulado com a vida. O que significa, senão, viver juntos? Não partimos de uma suposta natureza daninha ao homem, por isso não há razão para o pessimismo, fantasmas de autodestruição que possam corroer este processo por dentro. Deste ponto de vista, nós nos referimos junto com Michael Hardt a uma "multidão dos pobres" só como estratagema retórico, porque na realidade, minha "multidão" é sempre uma multidão dos ricos, é sempre uma multidão dos potentes. Os verdadeiros pobres, os verdadeiros miseráveis são aqueles que não têm mais relação com o valor (sempre temo afirmar este tipo de coisas, porque estamos próximos das linguagens religiosas e místicas). Com frequência, recorre-se a São Francisco para afirmar as necessidades dos pobres como tais. Mas é preciso ficar atento, porque no franciscanismo, no catolicismo — no cristianismo em geral —, a pobreza leva a um estado cadavérico, até fazer-se dar vida pelos outros.

O problema que me interessa é, por outro lado, o de chegar ao conceito de singularidade plena. Quando hoje vemos o capital desenfreado de maneira tão ferozmente determinada, vemos que os estados nacionais se defendem como podem. Mas, enquanto isso, impõem-se outros níveis de comando, níveis de comando próprios do mercado. No entanto, não se sai desta situação isolando-se no terreno nacional, em torno do Estado tentando reparar o público e reconquistar este valor transcendente ou hegemônico do Estado, da força política que o rege. Hoje, só uma abertura política pensada e calculada em torno das relações de força e do trabalho imaterial cooperativo pode determinar uma política consequente com as condições da multidão.

Acredito que é perigoso, neste contexto de permanente ameaça financeira mundial, que os Estados se desdobrem sobre si. E, em alguma medida, está acontecendo na América Latina. Depois de um período formidável, no qual a relação entre movimentos sociais e funções estatais se deu de um modo aberto e criativo, nota-se uma passagem crítica, sobretudo nos países grandes, como o Brasil e a Argentina. Tenho a impressão — logicamente é o que posso perceber com cautela — que na região se dá um retorno às formas típicas de concentração estatal. Claro que, como teórico da multidão, não vejo com bons olhos a reafirmação de elementos identitários muito pesados. Não gosto dos elementos identitários porque, sejam nacionais, de classe, de gênero, etc., acentuados de maneira radical acabam sempre sendo uma desgraça. Um artigo de García Linera,[5] muito interessante, diz mais ou menos: "Atenção, nós estamos nos enganando. Essa recuperação dos governos como argumento central do desenvolvimento, foi levada adiante na Bolívia, mas não é o caminho. Devemos retomar uma dialética dos movimentos". Por outro lado, é verdade também que os embates e o impacto do comando financeiro requerem respostas imediatas e sólidas. E hoje ainda é difícil pedir essas respostas totalmente fora das estruturas republicanas, isto é, estatais. Acredito que de todo modo é uma situação que — com dúvidas, já que tento estudá-la — não corresponde apenas à América Latina e, sim, que é de caráter global.

O ritmo de uma relação com os movimentos sociais poderia permitir se aproximar do ponto crucial do choque dos mercados internacionais, que é aquele sobre o qual o valor se recompõe. Os mercados recompõem o valor

[5] Vice-presidente da Bolívia.

porque o capital ainda tem esta função. O capital está em crise! E embora não seja produtivo, é igualmente muito potente, enquanto tem em suas mãos a sigla do valor. Existe esta contradição enorme que, evidentemente, devemos enfrentar a partir de uma colocação que em algum momento se chamou "internacionalista", mas que diz respeito à humanidade como conjunto de multidões. Este problema é absolutamente central e está extremamente ligado às resistências da vida, como acontece com a excepcional luta dos estudantes no Chile, eles e suas famílias contra as formas bárbaras do neoliberalismo misturadas com a trama educativa. Colocaram em cena a evidencia da centralidade do momento educativo na construção da indústria do poder e os modos de vida que resistem ao interior deste processo. A relação republicana está consumada, não tem mais para dar, se não assumir a relação entre autonomia e Estado.

O problema que se nos apresenta é o de reavivar os processos constituintes, mesmo quando eu faço uma crítica ao meu próprio livro (*O poder constituinte*), baseado na fase de construção do poder moderno, onde se dava uma eminência efetiva do príncipe. O poder constituinte recebia o movimento constituinte que o príncipe configurava e o fazia viver como elemento definitivo. Hoje, acredito que precisamos de uma multidão de príncipes, e devolver à multidão a condição de príncipe significa devolver a cada um a possibilidade de viver livremente, igualitariamente. Mas não é uma expressão de desejo, é coisa séria.

É preciso compreender a diferença entre *privado*, *público* e *comum*. As constituições aludem o tempo todo ao comum, mas hoje "comum" é uma noção que se torna um pouco confusa, sobretudo quando se fala de bens comuns. Por exemplo, como apontei em outro lugar, na Europa se organizam grandes batalhas em torno desta questão, tratando o "bem" como mercadoria. Há também lutas importantíssimas como a da água que, na Itália, deu como resultado um referendo com 90% dos votantes a favor de sua proteção como bem comum. Nesse caso, conseguiu-se manter a água à distância das empresas multinacionais que queriam explorá-la. No entanto, os governos reintroduzem a possibilidade do usufruto como em um círculo vicioso.

A partir do direito romano foram dadas mais ou menos três definições importantes nesse sentido. Por um lado, o comum é aquilo acessível para todos. Embora seja um conceito algo abstrato, é muito importante, já que se liga ao conceito de liberdade, enquanto esta se dá na possibilidade de acessar um bem (bens aos quais o direito romano dava a possibilidade de acessar de maneira livre). Um segundo conceito, muito mais simples e "correto" é o de serviço público, que é uma forma que independe das divisões de classe social, mas fundamental do comum. Em terceiro lugar, está o tema do uso. A possibilidade do uso cívico que é, na realidade, um conceito que destrói a propriedade e liga o comum aos aparelhos administrativos, isto é, à capacidade de gerir o conjunto dos bens. O mais importante, então, é que o Comum não se dá como propriedade, não se dá como posse transformada em propriedade jurídica, e sim como uso, como administração de coisas comuns, como administração do viver juntos, como possibilidade — relacionando-o com o primeiro ponto — de construir um nós comum. Precisamos de instituições, temos a necessidade de organizar este viver juntos, mas ultrapassando o privado e o público, porque os processos financeiros, os processos do desenvolvimento do capitalismo, produziram um incêndio. Devemos fazer deste momento de contradição e, nesse sentido, pode tratar-se, apesar de tudo, de um momento feliz.

Desse ponto de vista, o conceito de multidão se dá frente às constituições como um conceito político. A multidão não é simplesmente uma condição, sua descrição. É um processo constitucional em si.[6] E o problema do Comum se resolverá quando a multidão conseguir se organizar e dar uma forma a si mesma. Por exemplo, na Itália, a discussão a respeito desse ponto foi muito cansativa e não ficou resolvida. A constituição italiana é uma constituição trabalhista, seu primeiro artigo diz: "A República Italiana está fundada sobre o trabalho...". Sobre o trabalho de quem, não se entende. Se fosse da "força de trabalho" se compreenderia, tratar-se-ia dos trabalhadores. Mas o trabalho é uma coisa muito contraditória, é uma relação de exploração. O trabalho pode ser um conceito lockeano, marxista etc.

O conceito do Comum tem que ser desenvolvido nos termos de uma nova constituição. É necessário se afastar da matriz segundo a qual é o príncipe que dá a lei, oferecendo-a do alto, organizando-a de maneira piramidal, de maneira substancialmente vertical, para além do regime particular que desenvolva. Baudelaire dizia que todos os estados são monárquicos porque são Uno. Tanto o estado democrático, como o aristocrático ou o propriamente monárquico. Nós, por outro lado, pensamos em um

---

[6] "A constituição consiste, em geral, em articular a relação entre trabalho e intercâmbio, em fixar a circulação entre atividade e necessidade, subordinando-as às necessidades das relações produtivas comuns e às funções sociais derivadas. Só quando alcançarmos este programa poderemos restituir à força de trabalho social, à fadiga e à invenção das singularidades que acompanham a multidão, o produto do *comum*" (<http://www.uninomade.org/costituzione-e-capitale-finanziario/>).

estado múltiplo, um estado que seja muitos. Uma democracia das multidões, uma democracia absoluta, como dizia Spinoza. Com uma base econômico-social forte é possível levá-la adiante, conectando este pensamento à possibilidade de ação constituinte. Por aí passa a política, já que as instituições políticas são as que se constroem, não as que se encontram.

Por outro lado, é importante elaborar o conceito de luta de classes biopolítica. Confesso que para alguém como eu, que participou ativamente da luta de classes tradicional isso parece profundamente difícil. A luta de classes biopolítica é a que, por exemplo, reencontramos hoje entre os "indignados" ou entre os "*occupy* Wall-Street". Em alguns casos, trata-se de aspectos também negativos, como a confrontação com a religião, com os regimes opressivos das mulheres, etc. Trata-se de questões biopolíticas que ampliam o conceito de classe. O que significa esse conceito no terreno da exploração social? A princípio, repropõe uma relação entre anarquismo e comunismo que resulta central. O anarquismo sério, não individualista, e sim coletivo, teve a capacidade de reenviar a luta de classes para a experiência direta da singularidade. E o comunismo, além de sua face estatizante e autoritária, surgiu de uma capacidade de tornar coletivo o sentimento de sabotagem do poder, de insubordinação e de ruptura dos parâmetros dados. Nesse sentido, acredito que esses elementos de reconstrução radical do social a partir das singularidades estão implícitos no conceito de multidão. É que o conceito de multidão não é um conceito sociológico, e sim um conceito político que, como tal, tem essa radicalidade. O modo pelo qual se organizam espaços, tempos, dialéticas discursivas, a relação com a ciência, o conhecimento, nos movimentos atuais de democracia radical, são elementos que nos explicam o que a luta de classes supõe fazer hoje.

O adversário continua sendo a banca, mas em termos de reapropriação dos valores financeiros. No entanto, o que interessa não é tanto saber qual é o adversário e sim como a luta se forma e se nutre. O que não conhecemos bem, porque nasce só de experiências inovadoras, é como as singularidades podem viver e se constituir dentro desse processo. Por isso, o problema não é o da consciência política, e sim um problema ético-político sobre como modelar o desejo. Modelar o desejo da singularidade para construí-lo como elemento coletivo ao interior de experiências que permanecem irredutivelmente libertárias. São temáticas verdadeiramente spinozistas.

APÊNDICE:
TRÊS CONVIDADOS AO
PENSAMENTO DE TONI NEGRI

FEDERICO GALENDE

Eu estava pensando no problema da própria imanência da lógica do capital e da política. Para mim não fica muito clara a relação entre imanência e política, mas se pensarmos a resistência como produção de modos de vida autônomos na própria imanência do capital, a pergunta determinante do trabalhador gira em torno da suspensão da própria relação. Se retomássemos Jacotot, através de Rancière, o momento de emancipação aparece como um momento de suspensão e de desidentificação em relação à configuração biopolítica da vida. Nesse sentido, podemos supor que o biocapital tem um limite que poderia se expressar nesse momento de suspensão reconfiguradora e, como tal, plenamente político, plenamente autônomo. Eu estava pensando, por exemplo, no que está acontecendo hoje no Chile com o movimento estudantil e o que instalou como reconfiguração do espaço comum, assim como as condições que são propostas ao capital financeiro demente de nossos dias.

EDUARDO RINESI

Temos uma leitura da obra do professor Negri de muitos anos na Argentina, uma leitura para mim muito apreciada, muito valiosa. Eu me encontro entre a camada de leitores argentinos de Negri que se viu fortemente impactada por dois livros, um, que continuo considerando seu melhor livro, *Poder constituinte*, permite uma revisão da filosofia política da modernidade das mais sugestivas, e o muito provocador, ousado e nada óbvio livro sobre Spinoza (*A anomalia selvagem*...). Devo também dizer que li com mais ceticismo seus livros ulteriores, sobre as formas de reconfiguração do mundo globalizado e do uso da "multidão" como figura política para pensar o mundo atual. Agora, esse conjunto de textos foi muito importante para pensar os acontecimentos políticos na própria Argentina. Acredito que a dicotomia "potências constituintes" versus "poderes constituídos" funcionou como uma chave de inteligibilidade dos fenômenos que terminaram um ciclo político na Argentina do começo deste milênio. Como ler essas categorias pensando na Argentina e em outros países da América Latina, que Negri conhece muito bem? Hoje parece ter-se invertido algo do 'societalismo', pensando na ideia que anima as potências constituintes, que vêm de baixo para cima, a partir de um movimento de abertura da história a cargo das multidões, que enfrentam os poderes constituídos, colonizadores, asfixiantes, tanto do capital como do Estado. Mas acredito que algo interessante que está acontecendo na América Latina atualmente — e não acho que seja necessário ser excessivamente entusiasta — é que parece mais ou menos evidente que as potências instituintes de novas situações, aquilo que vem romper as lógicas mais consolidadas dos poderes capitalistas não surgem de setores particularmente dinâmicos da sociedade civil, mas, ao contrário, muitas vezes da cúpula dos aparelhos de Estado. E os setores mais instituídos, mais refratários às possibilidades de abertura da história por parte dessas potências instituintes que estranhamente hoje parecem vir de cima para baixo, estão nos setores mais concentrados e mais conservadores da sociedade civil. Nesse sentido, acredito que seria interessante pensar se por acaso o Estado não constitui hoje uma possibilidade de introduzir uma lógica de ruptura com as forças de alienação próprias da lógica do capital. Na grande tradição republicana, a própria ideia de autonomia não somente é uma ideia estranha à existência do Estado, como muitas vezes a supõe como sua própria condição de possibilidade. Há um modo de entender a autonomia forjada em condições em que o Estado, efetivamente é associado às formas mais ignominiosas da exploração capitalista, funcionava como um agente dessa exploração, então supunha que para ser autônoma, uma classe, uma instituição, um movimento, devia permanecer distante do Estado e confrontado com ele. Talvez a ideia de autonomia pudesse ser pensada com eficácia se pensarmos o Estado como uma condição ou como um eventual companheiro de rota antes que como um inimigo de princípio.

EDUARDO GRÜNER

Cada um tem suas manias, de modo que vou me permitir lembrar de um filme de meados dos anos sessenta que me impressionou muito em outro momento e que talvez graças a Antonio Negri possa interpretar de outra maneira. Trata-se de um breve filme de Pier Paolo Pasolini que se chama *La Ricotta*. A história, muito esquematicamente contada, trata de um miserável, realmente um marginal que consegue fazer um conchavo para entrar como extra na filmagem de uma sequência, em um filme sobre a crucificação de Cristo. Sua parte consistia em ficar crucificado ao lado de Cristo, como bom ladrão. Enquanto espera que o filmem, está morto de fome e consegue tirar de algum lugar uma grande fôrma de ricota. Mas cada vez que está a ponto de comer a ricota o chamam para fazer a cena, em algum ponto, para ser explorado corporalmente pelo diretor na filmagem. Até que chega o momento em que come a ricota a toda velocidade, se empanturra com essa ricota diante do olhar gozador e das risadas dos presentes. Finalmente, sobe na cruz e quando chega sua vez de dizer sua fala não diz nada... está morto. Epíteto: o miserável, o morto de fome, morreu de indigestão. Eu não teria conseguido pensar antes, mas hoje podemos dizer que Pasolini propõe nesse filme algo assim como uma biopolítica negativa, quero dizer, uma ideia onde a multidão dos pobres — como a chama Antonio Negri — vive sua vida à beira da morte, nesse permanente estado de emergência. Nesse sentido, é estratégico o que diz o diretor do filme narrado em *La Ricotta* quando descem o personagem morto na cruz, que acho que se chama Stracci: "Pobre Stracci, teve que morrer para que nós percebêssemos que estava vivo". Quase no limite entre o ser e o nada, para dizer um pouco sartreanamente, transforma-se essa multidão de pobres em uma multidão de fantasmas, de mortos vivos, de zumbis. Isso é, em extremo, o efeito disso que Negri chama de "biocapitalismo", embora francamente não consiga me conformar com essa expressão. Biocapitalismo, biopoder, biocapital...

Chama atenção a quantidade de metáforas biológicas que se cunharam nessas últimas décadas para falar dessa intrusão, dessa intromissão do capital na própria organização, inclusive física, não digamos já subjetiva ou psíquica, dos corpos. Mészáros, por exemplo, fala de sócio metabolismo do capital — não do capitalismo, mas do capital que é algo muito maior que o capitalismo, muito mais profundo, de uma rede muito mais complexa. Não faz muito, li um livro que me parece que está vinculado a esta nova consciência que divide estes limites entre a vida e a morte, inclusive biológica, a que o capitalismo nos levou, um livro de um escritor francês, Jean-Marie Schaeffer, que desde o título fala do que chama de "o fim da exceção humana" Talvez como efeito do biocapitalismo, se aceitarmos chamá-lo assim, estejamos em condições de tomar consciência, acho que pela primeira vez na história da humanidade, ou com toda segurança na história da modernidade, de que somos mais uma espécie entre as outras. Biologicamente somos mais uma espécie, não uma exceção. Vivemos em estado de exceção, mas somos mais uma espécie em permanente perigo de extinção; um limite, um extremo ao qual nos levou o sócio metabolismo do capital. E este sócio metabolismo ou este biocapitalismo, não é simplesmente uma quantidade, uma qualidade de conteúdos variáveis, intercambiáveis entre si, dinâmicos. Claro que é tudo isso como Negri explicou, mas antes ainda, em termos de lógica e ontologicamente anteriores é um dispositivo básico, isso que Heidegger em algum lugar chama de um Gestell, uma armação, uma instalação, um conjunto de andaimes de base, dentro do qual podem acontecer qualquer quantidade de variações, de transformações, benéficas ou maléficas. Mas corremos o risco de ter naturalizado esse conjunto de andaimes a tal ponto que todas essas transformações ou deslocamentos são produzidos dentro do conjunto de andaimes e não tocam a naturalização. Esse sócio metabolismo, ao qual eu chamo de conjunto de andaimes, tem três pernas: o trabalho, o capital e o Estado — não sou tão entusiasta como meu amigo Rinesi a respeito dessa última perna que é o Estado.

O trabalho no sentido amplo no qual Negri pensa é esse lugar da *poiésis* para dizer como os antigos gregos, onde se acumula efetivamente a potência dessas multidões pobres que pode portar amarras com as outras duas dimensões. Aqui há um grande debate, esse sócio metabolismo do capital é extra-estatal e extra-parlamentar, etc., embora isso não queira dizer que não tenha que pressionar sobre ou usar essas outras dimensões como o estado, o parlamento, as instituições. Mas por fora delas, já que a verdadeira acumulação de poder não se dá aí. Todos nós sabemos e na história argentina existe tradicionalmente essa diferença entre o governo e o poder. Então a pergunta: não é somente a organização autônoma da potência multitudinária que, em todo caso, poderia fazer explodir os limites do conjunto de andaimes? Digo "poderia", não se trata de nenhuma teleologia nem de algo sobre o que possamos ter certeza de antemão, entre outras coisas porque o conjunto de andaimes não tem uma ideologia, e sim é ele próprio uma ideologia muito poderosa. Aqui há uma discussão que é central, é quase um debate comigo mesmo. Li em uma entrevista que fizeram com Antonio Negri na ADN[1], uma consideração dele que me interessou muitíssimo: acredito entender que se trata de uma espécie de tradução da clássica ideia de Maquiavel segundo a qual não se pode dominar apenas com a coerção mas que também é preciso o consenso, e Negri se refere ao domínio em termos do domínio da esperança. A esperança, então, apareceria como um possível instrumento de domínio, a esperança, por exemplo, de que certo tipo de emancipação multitudinária possa se dar dentro dos caminhos tortuosos, dos interstícios dos conjuntos de andaimes. Eu então me pergunto, se uma forma inesperada que pode adquirir certa dimensão do pensamento crítico hoje, não começa por desconfiar das possíveis ilusões das próprias esperanças. Isto não é um chamado ao desespero, e sim um chamado à crítica de nossas esperanças excessivamente apressadas, sobre a base de uma tentativa multitudinária de reconstrução do comum. O que há da palavra que hoje, mais uma vez, muitos autores estão voltando a derivar desse discurso de reapropriação do comum, a palavra "comunismo"?

[1] Suplemento cultural do jornal *La Nación* (02/11/2012).

SPINOZA PRESENTE

Pierre Macherey

"Algo de desproporcional e sobre-humano", assim Antonio Negri caracteriza a aventura na qual Spinoza embarcou; e lhe restitui, com toda sua força, aquela excepcional virulência de acontecimento que, irrompendo no tempo, rompe a aparente continuidade e, através desta provocante desmesura, chama a nós mesmos a retornar para o movimento do qual surge. Poderemos recuperar os mesmos termos para apresentar a interpretação que Negri[1] nos dá desta experiência, porque sua potência selvagem perturba os âmbitos acostumados através dos quais se entende uma filosofia, e não só aquela de Spinoza: força-nos a relê-la a partir de uma perspectiva convulsionante e nos faz descobrir, nesta doutrina que acreditávamos conhecer bem, ordenada no repertório imóvel dos sistemas, "um pensamento vivo" que pertence efetivamente à história, à nossa história.

---

[1] Refere-se, como no artigo todo, à *La anomalia salvaje...* [*A anomalia selvagem...*] (Antonio Negri, 1979).

O que significa conceber Spinoza como um pensador histórico? Evidentemente, significa expô-lo ao seu tempo, à Holanda da segunda metade do século XVII, em ruptura com a ordem econômica, política e ideológica do mundo feudal, a respeito do qual inventa as formas de uma sociedade nova com os modos de produção, de intercâmbio e de consciência que lhe correspondem: é nesta "extraordinária matriz de produção metafísica" que Spinoza intervém cunhando ele mesmo conceitos e maneiras de raciocinar que lhe permitem contribuir para esse processo de transformação. Mas desse tempo, em rebeldia contra o próprio tempo, e contra o tempo, ele mesmo deve tomar determinadas distâncias, projetando-se para outro tempo que não é mais só o seu, mas também o nosso. Negri, falando da constituição política do real em Spinoza — o resultado de todo seu pensamento — afirma sua "extraordinária modernidade": se essa filosofia é "uma filosofia do futuro", é porque se situa em uma determinação que supera os limites do tempo histórico". Spinoza representa seu tempo na medida em que excede os limites de uma simples atualidade: é aquilo que lhe permite existir — assim como para nós — não só para o passado, mas para o presente.

Então, é preciso ler Spinoza no presente. Mas significa que devemos atualizá-lo, isto é, transpô-lo em outra atualidade, a nossa, recuperando-o para nosso tempo através de uma interpretação recorrente, necessariamente redutora? De modo algum. Porque não é esta a atualidade, o presente de Spinoza, que faz que em seu tempo como no nosso seja sempre presente. Esta presença não é a de uma permanência atemporal, mas aquela de uma história que, na medida em que conserva um sentido, prossegue irresistivelmente sua marcha adiante, nele e em nós. O que é o sempre presente ou, se preferirmos, o "eterno" no pensamento de Spinoza? Sua historicidade, isto é, a potência imanente que o leva para além do âmbito fixo de uma atualidade dada e da qual obtém a própria produtividade teórica. Spinoza não está na história como um ponto imóvel em uma trajetória que teria seu curso fora dele, mas sim é a história que continua seu movimento nele, projetando-o sobre esse futuro que é também seu presente.

Negri nos faz descobrir Spinoza depois de Spinoza, passando de uma "primeira fundação" para uma "segunda fundação". Spinoza depois de Spinoza não é Spinoza segundo Spinoza, voltado sobre si mesmo, e de algum modo debruçado sobre si na aposentadoria especulativa e especular de uma identidade imaginária. Identidade na qual os comentaristas encontram sua satisfação e seu repouso, com a captura definitiva de uma estrutura completa que eles chamam de "sistema". Negri faz esta estrutura implodir afirmando a desmesura da obra de Spinoza, que excede o âmbito restringido ao qual busca-se reportá-la. Porque uma filosofia é toda uma história com a qual nunca se termina de ajustar contas, e que nunca se cansa de ser contada, se se trata de um pensamento vivo cujo processo não cessa de se realizar através dos limites que o constituem, e é sua própria existência que volta a colocá-lo em jogo.

A interpretação que Negri nos propõe da filosofia spinozista é comovedora porque revela seu caráter processual que do interior de sua própria ordem a coloca em movimento e a desloca. Agora, esta condição processual é imanente, "corresponde ao amadurecimento interno do pensamento de Spinoza": não resulta da pressão de circunstâncias externas, de uma história objetiva e independente que lhe proporcionaria sua orientação, mas sim que é a consequência de uma "crise" que a filosofia compartilha com o próprio tempo, frente à qual desenvolve o próprio projeto e constitui seu objeto. Assim, "a desmesura não deriva tanto da relação — relativamente — desproporcionada com o tempo de crise, quanto da organização absoluta que a consciência da crise imprime ao projeto de superá-la": a metafísica spinozista não recebe sua dimensão política de um golpe de força arbitrário, e sim da violência que se dá a si mesma e que a compele a reconstruir todo seu edifício. Em um dos capítulos mais extraordinários de *La anomalia salvaje...* [*A anomalia selvagem...*] Negri lê o *Tratado teológico-político* não depois de *Ética* ou ao lado dela, mas na *Ética*, isto é, no intervalo que a "desproporção" de sua argumentação e de seus conceitos expõe: mostra, assim, como a teoria política joga o papel de um operador metafísico, porque ela é, ao mesmo tempo, o sintoma e o agente da transformação. "Mesura e desmesura da instância spinoziana: a teoria política absorve e projeta esta anomalia no pensamento metafísico. A metafísica, levada à linha de frente da luta política, contém em si a proporção desproporcionada, a mesura desmesurada, que é própria de Spinoza". Se a filosofia de Spinoza não é só da ordem da teoria, mas também da prática, é porque, descolando-se de si mesma, descobre no próprio sistema a necessidade urgente de transgredi-lo.

Esse amadurecimento interno não é um desenvolvimento contínuo: como já dissemos, deriva de uma "crise", crise de um tempo que é também crise do pensamento e nele provoca essa defasagem interna que é, ao mesmo tempo, ruptura teórica e fratura prática. "O tempo histórico se separa do tempo real da filosofia spinoziana. A desmesura se torna consciente na crise, reorganiza seus termos projetáveis. E se define como tal, justamente, por diferença, por separação". Tomando distância do próprio tempo e de si mesmo, procedendo a uma "refundação metafísica de seu sistema", que o leva a "colocar em crise o processo de produção das coisas e das essências" e a dar lugar a um novo projeto constitutivo, Spinoza opera "um salto lógico de enorme alcance". Se seu pensamento é de tal modo eficaz e verdadeiro, e então sempre presente, é porque está animado por tal vontade de ruptura.

Desdobrando-se com essa cisão a filosofia retorna a si mesma, não para se fechar na certeza reconciliada do próprio sistema, mas sim para abrir-se à tensão e ao risco de seu projeto. Quando ao nível da "segunda fundação", na passagem do livro V da *Ética* consagrado ao conhecimento do terceiro gênero, Negri reencontra os elementos da "primeira fundação", da qual se ocupavam os capítulos I e II, interpreta esta repetição — em um sentido muito próximo ao que lhe daria a técnica analítica — como "incidente na função catártica". "Estamos diante da reprodução da cesura teórica do pensamento spinoziano, simulada para sublimar-se", "quase de estipular definitivamente, na continuidade de uma experiência, a diferença de fases ou de conteúdos, de propósitos e de soluções", em uma espécie de "drama dialético". Enfrentando tal prova, a filosofia alcança o real, conquista uma realidade: através deste movimento que a exterioriza em si mesma, ela se realiza, não em uma perspectiva hegeliana de resolução, mas até a manifestação daquele resíduo insuperável que dá lugar à história até que esta se cumpra.

É à produção de uma verdade tal que tende todo o pensamento de Spinoza, que para Negri não é só pensamento teórico do *conatus* — cuja noção é formulada no livro III de *Ética*, no momento em que a doutrina entra em crise — mas também prática vivida do *conatus*, como expressão do desequilíbrio dinâmico de um estado momentâneo que se projeta em direção a um futuro necessário. "Não essência finalista, em todo caso: mas sim ele mesmo ato, dado, emergência consciente do existente não finalizado". "A existência põe a essência dinamicamente, constitutivamente, então a presença põe à tendência: a filosofia se desequilibra sobre o futuro". No próprio momento no qual forja a ideia do desequilíbrio, a filosofia de Spinoza se lança à brecha que assim se abriu e se precipita sobre o presente que ultrapassa sua simples atualidade. É de notar que tal coincidência supõe um problema: saldando estreitamente a doutrina consigo mesma, na fusão de uma teoria e uma prática com a qual não nos resta senão nos identificarmos, não lembra a ilusão de uma teleologia imanente do verdadeiro, garantidora de seu sentido e de sua unidade? Esta é a pergunta que poderíamos fazer a Negri.

Mas antes de procurar uma resposta para essa pergunta, deixemo-nos invadir pela tensão irresistível de uma leitura devastadora, que empurra o discurso de Spinoza ao limite extremo daquilo que pode, "como se, depois de uma longa acumulação de forças, um terrível temporal chagasse ao limite da explosão". Escutemos o temporal.

PREFÁCIO À ANOMALIA SELVAGEM[1]

Alexandre Matheron

Gostaria de falar aqui da profunda admiração pelo livro de Negri (*A anomalia selvagem*), da minha lembrança com aquilo que parece ser essencial de sua interpretação de Spinoza e, de maneira acessória, das poucas reservas que esta pode inspirar a um historiador da filosofia, profissionalmente sempre tentado a permanecer na literalidade dos textos.

Admiração no sentido clássico e no sentido corriqueiro da palavra, pela extraordinária análise marxista com a qual Negri torna inteligível a relação entre a evolução do pensamento de Spinoza e as transformações históricas que se produziram na situação holandesa de seu tempo. Infelizmente sou bastante incompetente na matéria para me permitir julgar sobre a verdade ou falsidade de sua hipótese. Mas é verdade que tal hipótese resulta muito fecunda: permite, ao mesmo tempo, introduzir uma

---

[1] Prefácio dedicado à edição francesa de *La anomalía salvaje* (Antonio Negri), traduzido para o italiano para Spinoza (Antonio Negri, Derive Approdi, 1998). Tradução do italiano: Ariel Pennisi, 2013.

lógica interna naquilo que já sabíamos e colocar em evidência o caráter significativo de certos dados de fato que, até o momento, passavam por marginais. Permite-nos entender como a "anomalia holandesa" pode dar conta da persistência tardia nos Países Baixos do panteísmo utopista de tipo "renascentista" que, efetivamente, com muito de confusão e incerteza foi provavelmente o de Spinoza nas partes mais arcaicas do *Tratado Breve*. Por outro lado, permite-nos entender como o surgimento tardio da crise do capitalismo nascente na Holanda pode dar conta do deslocamento desse panteísmo inicial e da necessidade que Spinoza sentiu — como efetivamente a sentiu — de operar uma rearticulação conceitual muito difícil. Entendemos, finalmente, como a revolta de Spinoza frente à solução absolutista que se deu à crise no resto da Europa, e da qual corria-se o risco na Holanda, pode dar conta do resultado final desta rearticulação conceitual. Então, deixando a hipótese em si mesma, acredito que, no essencial, os fatos sobre os quais esta atrai nossa atenção são muito consistentes e muito importantes.

Isso é verdadeiro, em primeiro lugar, para o desenvolvimento final (ou relativamente final) da filosofia de Spinoza: para aquilo que Negri chama de sua "segunda fundação". Sobre este ponto, salvo uma exceção sobre a qual voltarei, estou fundamentalmente de acordo com ele. Nessa fundação, não só Spinoza rompeu com tudo o que sobrevive do emanacionismo neoplatônico (coisa que todos os comentaristas sérios reconhecem), como não admite a menor transcendência da substância com relação a seus modos, sob qualquer forma que ela se apresente: a substância não é um fundo do qual os modos seriam sua superfície; nós não somos as ondas da super-

100

fície do oceano divino, e sim que tudo é *reabsorvido na superfície*. A substância sem modos é só abstração, exatamente como acontece com os modos sem a substância: a única realidade concreta são os seres naturais individuais que se compõem uns com os outros para formar ainda outros seres naturais individuais e assim sucessivamente até o infinito. Mas isso não significa que o interesse das análises anteriores seja nulo; isso quer dizer que tudo o que era atribuído a Deus é agora posto *nas próprias coisas*: não é mais Deus que produz as coisas sobre sua própria superfície, são as próprias coisas que devêm, pelo menos parcialmente, *auto produtoras* e produtoras de efeitos no âmbito das estruturas que definem os limites de sua auto produtividade. Podemos ainda falar de Deus (como faz Spinoza e como, desse ponto de vista, tem razão em fazer) para designar essa atividade produtora imanente às coisas, essa produtividade infinita e inconclusiva de toda natureza, mas com a condição de lembrar o que isso significa: a natureza naturante e a natureza *enquanto* naturante, a natureza considerada em seu aspecto produtor isolado por abstração; e a natureza naturada, ou os *modos*, são as estruturas que ela se dá desdobrando-se, a natureza enquanto naturada; mas na realidade existem indivíduos mais ou menos compostos, onde cada um (naturante e naturado ao mesmo tempo) se esforça por produzir tudo o que pode e por produzir-se e reproduzir-se produzindo tudo o que pode: a ontologia *concreta* começa com a teoria do *conatus*. Por isso Negri tem razão ao caracterizar este desenvolvimento final do spinozismo como uma *metafísica da força produtiva*; e isto em oposição a todas as outras metafísicas clássicas que são sempre mais ou menos metafísicas das relações de produção na medida em que subordinam a produtividade das coisas a uma ordem transcendente.

Que essa metafísica da força produtiva joga em todos os níveis do spinozismo é o que Negri explica de maneira esplêndida. Mostra-nos, seguindo o fio dos últimos três capítulos da *Ética*, como nesse ser natural altamente composto que é o homem se constitui progressivamente a subjetividade; como o *conatus* humano, tornado desejo, desdobra em torno a si, graças ao papel constitutivo (e já não simplesmente negativo) da imaginação, um mundo humano que é verdadeiramente uma "segunda natureza"; como os desejos individuais, sempre graças à imaginação, compõem-se entre eles para introduzir nessa "segunda natureza" uma dimensão inter-humana; e como graças ao enriquecimento levado à imaginação pela própria produção do mundo humano e inter-humano, nosso *conatus* pode devir sempre mais autoprodutor, isto é, sempre mais livre, tornando-se razão e desejo racional, depois conhecimento do terceiro gênero e beatitude. Nesses três últimos livros de *Ética*, a ontologia devém, diz Negri, *fenomenologia da prática*. E desemboca na teoria daquilo que na realidade pressupunha desde o início: o "amor intelectual de Deus", do qual se pode dizer que sob certo aspecto é (ainda que não seja, no meu entender, o único aspecto) a prática humana que vai se autonomizando através do conhecimento de si mesma.

Mas resta seguir o acionamento desse conhecimento através da elaboração da teoria das condições *coletivas* de possibilidade de sua gênese, da qual a *Ética* indicava o lugar, sem que fosse necessariamente ocupado. Este é o objeto do *Tratado político* que, segundo Negri, é justamente o apogeu, no sentido positivo e negativo, da filosofia de

Spinoza: o ponto culminante e, ao mesmo tempo, o limite extremo.

Ponto culminante, porque Spinoza opera a constituição, a partir de *conatus* individuais, deste *conatus* coletivo que chama de "potência da multidão". E isso sempre segundo o mesmo princípio: primado da força produtiva por sobre as relações de produção. A sociedade política não é uma ordem imposta do exterior para os desejos individuais; tampouco está constituída por um contrato, por uma cessão de direito da qual resultaria uma obrigação transcendente. Trata-se mais da resultante quase mecânica (não dialética) das interações entre as potências individuais que, compondo-se, tornam-se potência coletiva. Como em qualquer lugar na natureza, as relações políticas não são outra coisa que as estruturas que a força produtiva coletiva se dá a si mesma e reproduz continuamente através de seu próprio desdobrar. Consequentemente, nenhuma dissociação entre sociedade civil e sociedade política; nenhuma idealização do Estado, mesmo do democrático. Concordo inteiramente com Negri em afirmar que nos encontramos nas antípodas da trindade Hobbes-Rousseau-Hegel, não obstante, ele tenha me recriminado, depois de um mal entendido do qual sou em grande medida responsável por uma linguagem que com frequência soube empregar sem mesurar todas as conotações, de haver hegelianizado Spinoza de mais da conta. E concordo com ele quanto ao imenso alcance revolucionário e a extraordinária atualidade dessa doutrina: o direito é a potência e nada mais: é a potência coletiva da qual a multidão concede e re-concede seu uso a cada instante, mas que poderia cessar de colocar à sua disposição. Se o povo se rebela, por definição, tem o direito e, por definição, o direito do soberano desaparece *ipso facto*. O poder político, ainda no sentido jurídico da palavra "poder", é o confisco, por parte dos governantes, da potência coletiva de seus súditos; confisco imaginário que produz efeitos reais só na medida em que os próprios súditos acreditem nessa realidade. O problema não é, então, descobrir a melhor forma de governo: mas sim descobrir em cada forma de sociedade política dada as *melhores formas de libertação*, isto é, as estruturas que permitam à multidão se reapropriar de sua própria potência desdobrando-a ao máximo e que, justamente por isso, conhecerão uma ótima autorregulação.

Quanto aos limites com os quais Spinoza se deparou no exame detalhado dessas estruturas (do capítulo 6 ao capítulo ii do *Tratado político*), trata-se evidentemente dos próprios limites de sua situação histórica. Negri me recriminou amigavelmente por ter insistido demais sobre tal exame detalhado, já que lhe parece mais interessante pela ruptura que produziu do que por seu conteúdo. Parecia-me necessário, no entanto, levar a sério aquilo que o próprio Spinoza levou a sério. Mas reconheço, com Negri, que para nós, hoje, tanto do ponto de vista do advir como do ponto de vista da eternidade (que, afinal de contas, são a mesma coisa), o essencial do *Tratado político* são seus fundamentos, tal qual estão expostos nos primeiros cinco capítulos. E dado que estes fundamentos resultariam incompreensíveis para quem não tivesse lido a *Ética*, Negri tem toda razão ao dizer que a *verdadeira política de Spinoza é sua metafísica*, que é política de ponta a ponta.

Resta descobrir como Spinoza chegou de seu panteísmo inicial, para o qual "a coisa é Deus", a este desenvolvimento final de sua doutrina, para o qual "Deus é a coisa". E é sobre este ponto que deixo de concordar com Negri, ao menos no sentido no qual me parece haver estabelecido uma verdade que não é exatamente aquela que acreditava. Porque penso, enquanto ele não pensa assim, que este spinozismo final (na condição de um importante agregado, é verdade) é aquele da *Ética* toda, também dos livros I e II. Segundo ele, os livros I e II, do modo que os conhecemos, em particular com a teoria dos atributos divinos tal como aparece, corresponderiam à primeira redação da *Ética*, aquela interrompida em 1665; e testemunhariam, não obstante algumas antecipações, um desenvolvimento intermediário do pensamento de Spinoza caracterizado por uma extrema tensão entre as exigências de seu primeiro panteísmo e a conscientização da impossibilidade de manter até o fundo tais exigências; daqui resultaria, queira-se ou não, certo dualismo entre a substância e os modos: por um lado Deus e por outro o mundo ("o paradoxo do mundo", diz Negri). Só nos livros III, IV e V, ao lado de algumas marcas de sobrevivência da antiga doutrina reavivadas com fins "catárticos" no livro V, manifestar-se-ia plenamente a metafísica da força produtiva: a teoria dos atributos teria quase desaparecido e não teria senão uma função de resíduo. Agora, sobre este ponto me parece possível uma discussão, que poderemos traçar apresentando a Negri as duas seguintes objeções provisórias:

I — É muito difícil reconstruir a primeira redação da *Ética* a partir dos materiais que esta única obra coloca à disposição. É verdade que os comentaristas que o tentaram (em particular Bernard Rousset) obtiveram resultados muito interessantes e sobre alguns pontos muito convincentes: em alguns pontos da *Ética* foi possível notar dois estratos de vocabulário distintos, dos quais um aparece nitidamente mais arcaico (por ser mais próximo da terminologia do *Tratado Breve*); e de um para o outro a transformação vai no sentido de um imanentismo mais radical: Spinoza passa do vocabulário da participação para aquele da potência. Mas, por um lado, não se trata senão de resultados parciais e, por outro, revisando todos os livros da *Ética*: os dois estratos são contrastáveis em cada livro, sem que o mais antigo se subdivida entre os dois primeiros e o mais recente dos últimos três. Não me parece, então, possível afirmar que os dois primeiros livros, tal qual os conhecemos, são anteriores a 1665, e só os últimos três posteriores a 1670. Ainda mais que, de todo modo, é muito pouco provável que Spinoza, retomando sua redação em 1670 depois de cinco anos de interrupção, não tenha revisado a totalidade do texto. Mais verossimilmente, o antigo estrato de vocabulário, em cada livro, são as palavras e as expressões que Spinoza mantém porque retinha possível, ao preço de algumas aparentes ambiguidades que acreditava facilmente dissipáveis, reutilizar sem entrar em contradição com o novo desenvolvimento de sua doutrina.

II — Não vejo, então, contradição alguma entre os dois primeiros livros e os seguintes. Pareceria haver se se considerassem certos enunciados isoladamente, mas resituados na cadeia das argumentações, essas aparentes contradições desaparecem. É verdade que Spinoza mal fala dos atributos nos livros III, IV e V; coisa normal, já que não constituem o objeto e sobre esse ponto o essencial já foi dito. Mas as proposições que aparecem nesses três livros são demonstradas a partir de outras proposições, por sua vez demonstradas a partir de outras proposições ainda anteriores etc.; e, finalmente, se se remontar a cadeia até o topo, recairemos quase sempre em proposições referentes aos atributos. Talvez esteja aqui, no fim das contas, meu principal (e, em última instância, o único) ponto de desacordo com Negri: ele não leva a sério a *ordem das razões*, que lhe parece excessiva a partir do exterior e que considera o "preço pago por Spinoza a seu tempo". Não posso, obviamente, *provar-lhe* que é preciso levá-lo a sério. Mas acredito que, decidindo fazê-lo, descobre-se em toda a *Ética* uma grande coerência lógica; com a condição de, explicito-o, interpretá-la inteiramente em função da doutrina final: de outro modo, efetivamente, resultaria um defeito. Eu penso, com Negri, que a ontologia concreta começa com a teoria do *conatus*; mas a doutrina da substância e dos atributos está destinada a demonstrar esta teoria: demonstrar que a natureza inteira, pensante e extensa, é infinitamente e incansavelmente produtora e autoprodutora; e para demonstrá-lo era necessário reconstruir geneticamente a estrutura concreta do real começando por isolar por abstração a atividade produtora em suas diversas formas — que são exatamente os atributos integrados em uma só substância. Certamente, podemos pensar que fosse inútil demonstrá-lo, mas Spinoza não pensou assim. Podemos pensar também que estava enganado em não pensar assim; novamente, sobre este ponto não tenho nada a objetar que seja logicamente vinculante: é uma questão de escolha metodológica. Mas é verdade que, escolhendo considerar a ordem das razões essenciais, chega-se a outorgar maior importância que a concedida por Negri àquilo que impropriamente chamei — na ausência de um termo mais adequado — de o "paralelismo" do pensamento e da extensão; coisa que, sem contradizer em nada sua interpretação da doutrina final, agrega-lhe simplesmente algo. Era este o sentido da "reserva" à qual fazia alusão antes: é a teoria dos atributos, entendida como Spinoza quis que fosse entendida, que funda, do meu ponto de vista, a própria "segunda fundação". Levando isso em conta, a "vida eterna" do livro V, mesmo correspondendo exatamente ao que Negri diz, pode aparecer, *ao mesmo tempo*, e sem "catarse" alguma, eterna no sentido estrito.

Agora, finalmente, acredito que a primeira de minhas objeções anula em parte o alcance da segunda. Existiu, de qualquer modo, uma primeira redação da *Ética*, mesmo que não fosse tal qual reproduzida nos livros I e II. E a argumentação de Negri, na comparação com os outros textos do período 1665-1670, me dá, de todo modo, a impressão de que essa primeira redação *certamente* teria podido ser conforme ao que ele diz. Tendem a prová-lo, antes de mais nada, algumas passagens comentadas por ele da correspondência de Spinoza dessa época e, sobretudo, a função de catalisador do *Tratado teológico-político*, que estuda maravilhosamente. De um lado, efetivamente, Negri nos faz sentir de maneira muito convincente até que ponto as exigências da luta política levada adiante ao longo da obra inteira, conduzindo Spinoza a tomar consciência do papel constitutivo da imaginação (da qual vimos qual será seguidamente sua importância nos últimos três livros da *Ética*), teriam que inspirar-lhe a urgente necessidade de remodelar seus conceitos. E, por outro lado, aquilo que parece sugerir muito claramente que esta necessidade não foi satisfeita em 1670 é o nexo que Negri estabelece entre o conteúdo que ele atribui à primeira redação da Ética e o fato de que, no *Tratado teológico-político*, Spinoza fala inclusive de um contrato social, enquanto todo o contexto mostra que logicamente teria podido prescindir disso: para ousar deixar completamente de falar de contrato (como será o caso do *Tratado político*), era necessário, efetivamente, contar com a doutrina final em sua forma mais madura; resulta muito fecundo dar conta do desaparecimento desta noção reconduzindo-a, como faz Negri, a um amadurecimento geral da filosofia de Spinoza em seu conjunto.

Minhas reservas são, então, secundárias com relação a minha admiração e à minha concordância. No fim das contas, e para além dos detalhes, o que mais me impressiona em Negri são suas intuições fulgurantes que nos fazem entrever, como um relâmpago continuamente renovado de conhecimento do terceiro gênero, a própria essência do spinozismo. Sem dúvida, isso vem do fato (e, sobre este ponto, como sobre muitos outros, estou de acordo com Deleuze) de que sua reflexão teórica e sua prática são, já faz tempo, as de um verdadeiro spinozista.

SPINOZA: OUTRA POTÊNCIA DE AGIR[1]

Antonio Negri

O pensamento de Spinoza é um pensamento da potência. Quando se aprofunda a concepção spinoziana do ser do ponto de vista da filosofia política, em geral nos encontramos com interpretações diferentes sobre o desenvolvimento de tal ser-potência em relação à definição do "poder". São frequentes, de fato, diversas avaliações sobre a intensidade ontológica e diversas qualificações da produtividade política da "potência". No que me diz respeito, considerando que a identidade do ser e da potência não é um problema *chez* Spinoza, retenho que seu pensamento político se desenvolve em torno de uma proposta "constituinte", relativamente ao conceito e à realidade do poder, e isso a partir do fato de que a cifra política fundamental é em Spinoza aquela do monismo ontológico e da imanência democrática. Acredito ter sustentado esta premissa de maneira contínua e

---

[1] Este trabalho, apresentado por Antonio Negri no IX Colóquio Internacional Spinoza, em Valle Hermoso, Córdoba (novembro de 2012), foi corrigido pelo autor para a presente edição. Tradução para o espanhol: Ariel Pennisi, 2013.

central em minha interpretação: potência ontológica (isto é, constituinte), imanência política (então, democrática) e monismo estratégico (isto é, programático) de *cupiditas* e da *praxis communis* consequente.

O título de nossa colocação em comum soa familiar, no entanto: *outra* potência de agir em Spinoza. Por que insistimos com *outro*? Por várias razões.

Em primeiro lugar, porque o conceito spinoziano de potência não se define propriamente pelas tradições aristotélicas ou tardo escolásticas ou neoestoicas. Claro que é provável que se possam encontrar tais influências. Mas é certo que, se estavam presentes no início do século XVII, estavam misturadas (e profundamente confundidas) em Spinoza com um conceito de potência divina (como amor) que derivava mais de León Hebreo e da tradição neoplatônica, acolhida e transformada no pensamento do Renascimento. Esta influência de outro lugar atravessava de várias maneiras a concepção do ser no pensamento espanhol e holandês contemporâneos, para Spinoza fontes imediatas (como entre outros o viram bem S. Ansaldi, *Spinoza et le Baroque*, Kimè, Paris, 2001). A partir deste enquadramento, em nenhum sentido a definição de *potentia,* em Spinoza, pode ser reconduzida ao conceito de "indivíduo" ou de potência individual de agir: o seria se o conceito de potência tivesse origens aristotélicas, se se adaptasse à dinâmica da individualização escolástica e estivesse implantado naquela tradição. Mas não é assim. Ao contrário, o pensamento da "potência como constituição" não insiste sobre a marca da individualidade quanto sobre aquela da singularidade modal, da contínua expansão da potência e da tensão epistemológica e ontológica na composição do comum.

Não é tampouco verdade, então, que (como parece em alguns intérpretes) a potência social se estruture e ative na direção de e através dos indivíduos. E não basta, para evitar este erro, excluir do método spinozista aquele individualismo metodológico (de origem hobbesiana) presente nas escolas sociológicas contemporâneas. Se a dinâmica da potência é seguramente diferencial, relacional, horizontal; se ela não é de nenhum modo definível nem se deixa cooptar por um uso instrumental, assim acontece porque ela é constitutiva em termos sociais (precisamente), inovadora com relação ao terreno da simples interação e sempre mais tendencialmente voltada para o comum.

A potência spinozista é *outro*, em primeiro lugar, então, porque é potência modal e por isso mesmo coletiva, comum.

Em segundo lugar, consequentemente, não se deve confundir entre *vis* e *potentia*. A *vis* nunca será comum, mas a *potentia* o devém: a gênese e a estrutura das instituições constitui em Spinoza um *continuum* que transforma a interação das forças em instituições da potência. Se assumíssemos a *potentia* como *vis individua*, abriríamos uma genealogia mistificada das instituições e imaginaríamos a relação entre potências como uma relação plana, neutra, mecânica, como uma relação provisória. Transindividual. Nunca outra coisa a não ser uma *relação* horizontal, geométrica. Se assim fosse, como explicar a historicidade das instituições hebraicas no *Tratado teológico-político*? Como tomar a formação da *"summa potestas"* na *Ética* e no *Tratado político*? Para responder, os autores da "relação transindividual" falam do processo da potência como de uma "acumulação" — e esta anotação é, sem dúvida, muito importante: permite, de fato, manter uma posição radicalmente crítica em comparação com toda concepção transcendental do poder, típica da tradição moderna hobbesiana na filosofia. A acumulação do produto ou dos efeitos das potências sociais apresenta, de fato, uma perspectiva *monística* como nenhuma outra, constrói a mais forte imagem do rechaço imanentista a todo "contrato" socioestatal, e desse modo interrompe toda possibilidade de transferência transcendental da potência ao poder. Para dizer de maneira ainda mais eficaz: deste modo, sobre este ponto, trabalhando sobre a ideia de acumulação das potências, retira-se do meio todas aquelas teologias políticas que acompanham, mais ou menos à maneira de Schmitt ou de Agamben, de direita para esquerda, a restauração pós-moderna do conceito de soberania.

Mas quais são as modalidades da acumulação? São, em geral, delimitadas pela tendencial unificação da potência constitutiva e da positividade jurídica. O que é, a partir de certa versão, correto: a tendencial unidade de *potentia* e *jus* é repetidamente afirmada em Spinoza. Mas, a tal ponto, esta potencial unidade poderia se confrontar com a afirmação do TP 2/13 na qual (repetindo a *Ética*) se dá tanta potência quanto mais a associação se estende. Não pode haver uma soma zero através da associação das singularidades e da acumulação das potências: estas produzem. Então, como se pode contemporaneamente sustentar a plana neutralidade da inter-relação entre indivíduos ou da cooperação social? Enfim, nós nos encontramos aqui diante de uma argumentação contraditória, porque a identificação *positiva* de potência e direito não pode ser aplanada de maneira *positivista*.

A *potentia* spinoziana é então "outro", em segundo lugar, porque é uma potência produtiva. A este propósito,

114

note-se, resultaram-me muito importantes os capítulos 3 da segunda parte e a introdução à terceira parte do *Spinoza*, de Pascal Severac (Paris: Vrin, 2011) — ali onde a caracterização produtiva das relações entre corpos, na física racional de Spinoza, é demonstrada segundo o critério da "multiplicidade simultânea" e o conceito derivado, longe de se definir em termos passivos, "parece expressar uma ação do espírito" (*Ética* ii, *def.* 3 e *exp.*) ou, melhor ainda, dar-se como parte *finita* da potência divina.

Há uma terceira razão para considerar "outra" a potência spinoziana, que consiste em modular o rechaço de qualquer determinação finalista na teoria spinoziana. É óbvio que não há na ontologia de Spinoza nada de teleológico: mas a defesa da liberdade representa seguramente o *telos* do pensamento e da atividade política. Como se faz para evitar chamar de teleológica esta *práxis*? E como dar uma base material e qualificar do ponto de vista da ontologia (mas também daquele de uma spinoziana "sociologia dos afetos") esta descoberta que pretende que o processo social é completamente outra coisa que um processo de soma zero, também do ponto de vista da intencionalidade das próprias potências? Na realidade, aqui a potência se apresenta dentro de uma verdadeira estratégia das resistências singulares que se desenvolve de cara para o coletivo, melhor, como um processo que leva da singularidade ao conjunto social e que modifica, transforma, plasma as instituições coletivas. A imanência spinoziana do coletivo (modal, comum) é constituinte através dos conflitos das singularidades. Laurent Bove (*La strategie du Conatus*, Paris: Vrin, 1996) mostrou-o com extrema eficácia. E Filippo Del Lucchese (*Tumulti e indignatio. Conflitto, diritto e moltitudine in Machiavelli e Spinoza*, Milão:

Ghilbi, 2004) mostrou como a continuação spinoziana de Maquiavel nunca se dá sob a figura do "maquiavelismo" (que significa ciência política neutralizante, formalismo positivista, apologia da força, filisteísmo da razão de estado), e sim que mais representa uma inacabável instância de liberdade que se constrói na luta, através da luta.

Em terceiro lugar, então, a potência spinoziana é "outra" porque, longe de ser teleológica, está percorrida por um *telos* que se forma através da resistência e das confluências da *práxis*, através dos conflitos das singularidades. Uma estratégia do coletivo mostra como intransitivo o desejo absoluto da liberdade, então introduz a dinâmica do amor.

Em quarto lugar, enfrentamos outro ponto essencial de nossa discussão sobre o conceito de *potentia*. Como é notório, o processo constitutivo da *potentia* se desenvolve, através de sucessivas integrações e construções institucionais, do *conatus* à *cupiditas*, até a expressão racional de *amor*. No coração desse processo está a *cupiditas*. É este, de fato, o momento no qual a fisicidade do *appetitus* e da corporeidade do *conatus*, organizando-se na experiência social, produzem *imaginação*. Imaginação é um antecipar a constituição das instituições, é a potência, que roça a racionalidade e estrutura o caminho, *expressa*-o. Deleuze chama, justamente, o pensamento de Spinoza de uma "filosofia da expressão". É a imaginação que leva as singularidades da resistência ao comum. E é nesse ponto que a *cupiditas* age e, em seu agir, "a cupicidade[2] que nasce da razão não pode ter excesso". (*Ética*, IV prop. 61). Eis aqui, então, onde se afirma a imanência da maneira mais fundamental e onde a estratégia da *cupiditas* mostra a *assimetria* entre *potentia* c *potestas*, isto é, a irredutibilidade do desenvolvimento do

---

[2] *Cupidità.*

desejo constituinte (social, coletivo) à produção (também necessária) das normas da organização e do comando. Agora, é essa assimetria positiva, essa abundância, essa excedência da *potentia*, aquilo que as teorias que pretendem neutralizar a radicalidade transformadora do pensamento de Spinoza devem cancelar: a perpétua excedência da razão libertadora que, através da imaginação, se constrói entre o agir da *cupiditas* e a tensão de *amor* — no limite do ser, construindo a eternidade. Enésima tentativa de deslocar aquela "alteridade" que caracteriza radicalmente a oposição spinoziana frente a onto-teologia da modernidade.

É de se notar que aqui aparece um comportamento bizarro. Os que buscam a neutralização da excedência ética da *cupiditas* em Spinoza, frequentemente fundamentam a análise do pensamento político antes nos textos *políticos* de Spinoza do que na *Ética*. Pelo contrário, lembramos aqui que o pensamento político de Spinoza se encontra de maneira eminente em sua ontologia e, por conseguinte na *Ética*, mais ainda do que em outra obra paralela ou subsequente. Em qualquer caso, aquela tentativa vai terminar de maneira contraditória: é, de fato, em torno da relação entre *cupiditas* e *amor* que todos os que querem isolar a *potentia* política parecem falhar — porque, desfazendo-se da *Ética*, esquecem a especificidade excedente da relação *cupiditas--amor*, e então esquecem que o quanto a *cupiditas* constrói como *summa potestas*, o *amor* transborda como *respubblica*, como *Commonwealth*. A assimetria entre *potentia* e *potestas* — toda a favor da *potentia* — se toma com a mesma intensidade, seja se for olhada do alto — na efetualidade do nexo *cupiditas-amor* que exalta a produtividade; seja quando é olhada de baixo (quando, justamente, a *potentia* se forma e age na perspectiva de uma abertura infinita).

Em quarto lugar, então, concluímos que a *potentia* é imaginada e expressada sobre a base de uma excedência que rompe, a favor da potência, a simetria entre *potentia* e *potestas*. Desse modo, a ontologia da potência estará assinada pela força do amor.

Terminemos com os caracteres de "alteridade" — ou "diferença" — da *potentia*. Em quinto lugar, poderemos conclusivamente opor os detratores da potência spinoziana que o político em Spinoza não é um meio transversal, um *ubiquum* do social; que, então, não pode ser definido nem como um simples elemento da ação, nem como uma simples propriedade da estrutura. Em Spinoza o político não é um *médium* do social, e sim se trata da fonte permanente e da contínua ruptura constitutiva, uma potência excedente no tocante a toda medida, uma excedência que constrói uma assimetria ontológica das confrontações da *potestas*. Se não fosse assim, estaríamos verdadeiramente condenados ao *acosmismo* (não só — como queria Hegel — da concepção panteísta do ser, mas também daquela) do político. Se o político em Spinoza nunca pode ser instrumental, é por estar marcado pela força do ético; se se constrói na relação e na dialética entre indivíduos e grupos, nesta dialética (que não é dialética) se dá sempre um *surplus* do processo constitutivo. Um *surplus* que é instituinte e comunicante, isto é, não individual nem interindividual; uma acumulação não de segmentos substanciais (individuais), mas de potências modais (singulares). O monismo spinozista se nutre da potência divina. É talvez essa pretensão, este tornar *operante* a divindade — segundo uma linha rigorosamente imanentista — o que torna "herético" o hebreu de Amsterdã? Consequentemente, a potência positiva e a potência negativa, o "poder de" e o "poder sobre" não se distinguem de nenhum modo em Spinoza, porque não há nenhuma antinomia estática em seu pensamento... mas também, simplesmente porque — ontologicamente — o *negativo não existe*. Só há potência, ou seja, liberdade que se opõe à solidão e que constrói o comum. "O homem guiado pela razão é mais livre no Estado, onde vive segundo o decreto comum, do que na solidão, onde obedece somente a si mesmo" (*Ética*, IV prop. 73).

A quinta nota conclui, então, na centralidade ética do político spinoziano, a excedência comum que rompe todo determinismo ou positivismo. E para introduzir o que proporemos na segunda parte desta intervenção, tomemos emprestado de Chantal Jaquet sua conclusão sobre o papel positivo da vontade em Spinoza: "Déterminante pour l'Etat et déterminée par l'Etat, la volonté est donc de nature éminemment politique pour Spinoza. [...] Dénomination du *conatus* en tant qu'il est rapporté à l'esprit seul, la volonté désigne l'effort indéfini d'une idée pour persévérer dans son être. Disposition d'esprit encline à durer, elle trouve naturellement son acmé dans la pérennité des institutions. Bien qu'elle ne se distingue pas de l'entendement, elle possède une fonction spécifique dans le système spinoziste. Elle exprime l'idée du Droit et manifeste l'esprit des lois" (*Les expressions de la puissance d'agir chez Spinoza*, Paris: Publicações da Sorbonne, 2005, p. 107).[3]

[3] "Determinante para o Estado e determinada pelo Estado, a vontade é, portanto, de natureza eminentemente política para Spinoza. [...] Denominação do *conatus* enquanto está vinculada ao espírito solitário, a vontade designa o esforço indefinido de uma ideia a perseverar em seu ser. Disposição de espírito propensa a durar, encontra naturalmente seu apogeu na perenidade das instituições. Embora ela não se distinga do entendimento, tem uma função específica no sistema spinozis-

A esta altura, gostaria de esclarecer que minha interpretação da *potentia* spinoziana me serviu amplamente para construir conceitos para a interpretação do mundo político contemporâneo, para determinar a atualidade da potência. Gostaria também, daqui em diante, de me interrogar mais do que sobre a licitude, sobre a utilidade e a eficácia deste uso. Pergunta que poderá declinar-se da seguinte maneira.

A — Considerada a *potentia*, produtiva, coletiva, comum, como será possível identificar dissimetrias e excedências? Em particular, se "a constituição ontológica é a produção social", como — ao interior desta imanência radical — se poderá expressar uma condição de antagonismo entre potência e poder (melhor, na minha perspectiva, entre trabalho e capital, entre atividade criativa e apropriação privada do trabalho)? Agora, no meu modo de ver, este apresentar-se de uma *diferença qualificada* ao interior do processo produtivo (melhor, na relação entre "forças produtivas do trabalho" e "relações de controle capitalistas") é, como vimos aqui, perfeitamente compatível com a estratégia do *conatus*. Não se pode neutralizar esta última, senão introduzindo elementos "frágeis" no contexto ético — isto é, elementos de composição abstrata ou reduções do caráter assimétrico da relação ontológica, confundindo as diferenças modais com individualizações substanciais. Mas se a qualificação da relação entre potências no pensamento spinoziano é assimétrica, por que

ta. Ela expressa a ideia do Direito e manifesta o espírito das leis". (trad. do francês: Ariel Pennisi).

tornaria mórbida em um conjunto de equivalências? Por que, consequentemente, arrebatar-lhe a possibilidade de expressar um *sentido* através do conflito em uma direção emancipatória?

B — Talvez a questão não seja tão simples. De fato, se me objeta não haver esclarecido as premissas pós-estruturalistas da minha interpretação de Spinoza (que agora teriam um papel essencial na minha filosofia política). Pretende-se, no essencial, que eu teria, com Deleuze, assumido o *mos geometricus* como uma chave para tornar dinâmica e anti-hierárquica a ontologia spinoziana. Haveria, depois, com Foucault, assumindo seu vocabulário, tentado traduzir a relação *potentia/potestas* na relação "atividade biopolítica/exercício do biopoder". Resultaria uma antinomia absoluta entre uma *potentia* (ontologicamente criativa) e uma *potestas* (fixada e/ou parasitária). Não é falso assumir a convergência teórica do pensamento de Deleuze e de Foucault em meu trabalho e no uso que faço da obra spinoziana (só gostaria de notar que, como Deleuze mesmo teve que reconhecer, esta convergência foi concomitância e não influência. Quanto a Foucault, é só muito depois da redação de minha *Anomalia*... que me precipitei no universo selvagem de seu pensamento). Mas, justamente por esta razão, pela profundidade da relação mediada entre Deleuze, Foucault e minha aproximação spinozista — exatamente, daí a descortesia da acusação que me é feita com frequência, de levar a relação entre *potentia* e *potestas* a um limite antinômico. A dicotomia do biopolítico e do biopoder, que vivem sempre *juntos* (como juntos vivem o trabalho e o capital), se dá em termos abertos e caóticos em Deleuze e se constrói em termos genealógicos em Foucault. Mas, por outro lado, de que outra maneira — senão desta — podem ser lidas as construções inter-individuais ou a "acumulação" das potências em meus interlocutores? O que podem expressar senão a ação da *potentia* dentro/contra a *potestas*?

Insisti muito nesta interação e dissociação de *potentia* e *potestas*, de biopolítica e biopoder. Percorri, através de um reclamo ao "hábito" nos pragmatistas americanos ou ao *habitus* no pensamento de Bordieu, o construir-se (*a partir do interior*) da relação e da diferença entre *potentia* e *potestas*. A antinomia dos dois efeitos (dos dois caracteres) da potência que às vezes se sublinha como limite de meu discurso spinozista, não pode ser definida como um dualismo ontológico ou, pior, uma espécie de maniqueísmo: é um contraste continuamente produzido, um conflito continuamente proposto e continuamente resolvido, e de novo continuamente proposto novamente em outros níveis, uma tensão ética que emerge através das dificuldades e dos obstáculos do processo que, desde o *conatus*, através da *cupiditas*, chega à expressão do *amor*. Se a relação entre *potentia* e *potestas* é depois reconhecida como "assimétrica", assim acontece porque a *potentia*, enquanto *cupiditas*, nunca pode tornar-se ruim e é sempre excedente. É ruim o que não se realizou. A *potentia*, ao contrário, constrói o comum, isto é, dirige a acumulação das paixões rumo ao comum. Conduz a luta pelo comum através de uma contínua produção de subjetividade, rumo a uma amorosa consciência da Razão.

C — Mas, chegado este ponto — ainda sou interrogado — o que quer dizer mesmo construção de uma "*democratia omnino absoluta*"? Assumir a democracia absoluta, a essa altura da empresa conflituosa que percorre a construção ética spinoziana, não constitui uma interrupção indevida daquele processo contínuo de conflito entre as singularidades (entendidas como forças sociais) que em Spinoza caracteriza o terreno ético? Não se constrói assim uma espécie de nova teologia política? Uma democracia absoluta — por um lado, construída a partir de uma multidão que de baixo é "levada em direção à liberdade e ao bem"; por outro, uma democracia que não é mais "forma de governo", e sim gestão da liberdade de todos por parte de todos. Objeta-se: fora da soberania não há política. É, então, uma opção teológica aquela que permite falar de democracia absoluta (e de multidão democrática), enquanto a perspectiva spinoziana define um conflito sem fim que não pode ter uma solução nem voluntária nem determinada. Não se busca aqui uma "garantia ontológica", utópica, impossível de encontrar, para a emancipação da humanidade? Não. Afirma-se simplesmente que a teoria da democracia absoluta é em Spinoza uma tentativa para inventar uma nova forma do político que se subtraia da teoria da soberania e da tripartição clássica das teorias de governo do Uno (monarquia, aristocracia, democracia). Se o absoluto é em Spinoza o tecido ontológico das singularidades livres, é lógico e realista — como ele mesmo sustenta — pensar que o poder-*potestas* é o resultado da tentativa de limitar a ação das singularidades em sua busca de liberdade.

Não é uma coincidência que essas objeções nasçam sobretudo daqueles intérpretes que insistem no componente jurídico e positivista do desenvolvimento político da *potentia* em Spinoza. No positivismo jurídico, o direito não se qualifica, de fato, como *cupiditas*, como construção realista das pretensões (dos *claims*) em direito positivo e em instituições, e sim, antes, qualifica-se como potência segunda, como "conduta das condutas" (*Führung der Führungen*). A relação entre constituição política e ordenamento jurídico se colocaria aqui dentro de uma relação estática, em condições (por assim dizer) de eficácia tecnológica. Mas Spinoza não é Luhmann, a constituição em Spinoza é sempre um motor e não um resultado, um "poder constituinte" como fonte permanente de direito; e o ordenamento jurídico, então, torna-se efetivo através da ação contínua das potências constituintes.

D — É estranho entender essas objeções quando, na globalização, ante o relativo enfraquecimento dos Estados-nação e do direito público europeu, cada vez mais o spinozismo jurídico — em sua versão aberta — se apresenta como uma espécie de antecipação de toda experiência teórica alternativa, já generalizada nas disciplinas juspublicistas europeias — uma antecipação que sobretudo na Alemanha encontrou uma constante inquietude e expressão, da "luta pelo direito" em Jhering, até o "constitucionalismo sem Estado" de Teubner. Mas aqui é necessário acrescentar com muita decisão que a filosofia política de Spinoza embora instalada, como esteve, na modernidade, joga contra a modernidade um projeto fundamental: se opõe com grande radicalidade a toda moderna afirmação de absolutismo soberano. O ateísmo spinozista é por isso atacado com extrema violência, sobretudo no terreno da teoria jurídico-política, já no curso da modernidade, a partir de Leibniz e de Pufendorf. Uma curiosa citação deste último: "Spinoza — um tipo considerado (*ein leichtfertiger Vogel*), *deorum hominumque irrisor*, que havia relegado em um só volume o velho e o novo Testamento, e o Corão" (Agamben lembra disso, recentemente, em seu livro *Opus dei*).

E — Reafirmar na contemporaneidade essa qualidade (o ateísmo) e sobretudo este sentido do discurso spinozista, significa talvez nos precipitarmos em uma espécie de filosofia da história? Há quem pense assim. De fato, não resulta — objeta-se — que a *potentia* seja sempre mais eficaz do que a (e historicamente vencedora sobre a) *potestas*. Não resulta tampouco que a multidão, subjetivação política da *potentia*, apresentando-se como força histórica constituinte, como potência criativa, possa ou seja sempre exaltada contra os aspectos parasitários da *potestas*. Uma vez dada uma consistência assimétrica do conflito e um sentido ontológico ao antagonismo, não se termina por garantir uma incerta positividade da produção do comum por parte da multidão? Pelo contrário, como decidir e reconhecer que a multidão, em vez de produtora de democracia é *mob*, ou seja, simples advento de desordem plebeia?

Me parece que a alternativa proposta à multidão: ser *mob*, ou então, movimento de liberação, constitua uma passagem equivocada — melhor, que represente — quando tomada concretamente como alternativa ética — um embuste. Esta afirmação expressa a pretensão *a priori* (ou, de todo modo, vulgar) de que a multidão passe mais facilmente a ser *mob* do que movimento de liberação. Spinoza denuncia, certamente, na massa desarrazoada e homicida, os *"ultimi barbarorum"*; mas, por outro lado, declara explicitamente que é o medo das massas que cria a barbárie. Não cabe, então, a nós, e sim à multidão decidir o que quer ser. Cada indivíduo foi com bastante frequência um canalha, antes de dirigir seu desejo a um fim razoável; assim também a multidão, que não está tão massificada de um ponto de vista quantitativo, como constituída por uma rede de singularidades. Por outro lado, se colocarmos esta alternativa para além do terreno prático, e se deixarmos de pensá-la como uma opção aberta, mas dermos lugar a uma reflexão transcendental sobre o terreno teórico, eis aqui que tacitamente se reintroduz uma proposta de transcendência — contra e *au rebours*[4] da ontologia spinozista. Finge-se, de fato, uma alternativa manca para apresentar de novo a alienação hobbesiana da soberania como única possibilidade de construção política. Dentro dessa alternativa se move de boa vontade — já o havíamos reconhecido — o positivismo jurídico, próximo à história do hegelianismo e/ou do positivismo (que são, exatamente, exaltações transcendentais da ordem presente das coisas), antes daquela experimentação ética na imanência para a qual nos chama Spinoza.

Mas inclusive, sempre com o mesmo propósito, é de se destacar outro possível equívoco, aquele de assumir a duração das instituições como negação realista da resistência e da operatividade multitudinária. No entanto, a duração na ontologia, como na política spinoziana, não significa bloqueio ou fenecimento da temporalidade. Ao contrário. Como bem mostrou Laurent Bove, a liberdade humana, isto é, a necessidade própria da conservação de si, manifesta-se como potência constituinte em ato. "Os conflitos, as relações de força que representam a própria condição antropológica, colocam diante dos olhos uma

4 Às avessas.

ontologia dinâmica da decisão sobre/dos problemas — ou, melhor, na atualização absoluta da potência em cada ocasião singular, uma ontologia do kairòs" ("Le realisme ontologique de la durée chez Spinoza lecteur de Machiavel". In: *La recta ratio*, Paris: P.U. Paris-Sorbonne, Textos reunidos por L. Bove, Paris 1999, p. 59). Daí a possibilidade de considerar uma duração dentro da qual se manifestam instituições da multidão na marcha da liberdade — sem ilusão alguma de linearidade ou de caráter destinador desse processo.

F — Não se trata, então, de filosofia da história, poder--se-á falar — sobre um terreno assim arado de baixo, em uma composição rigorosamente monista — de "produção de subjetividade". Esta produção de subjetividade está de todo objetivamente fundada, materialmente constituída — e é às vezes verificável nos fatos. São as condições sociais de nosso existir que nos confirmam esta realidade. A teoria da multidão (e a eventual "marcha da liberdade" que a multidão percorre) é simplesmente a constatação de um desenvolvimento de civilidade material, vale dizer, das civilidades e das culturas. É uma alternativa de luta contra o sofrimento e de pesquisa da felicidade, a que aqui lhe é proposta. Isso não exclui reconhecer — depois de haver afirmado esta objetiva materialidade de nossa argumentação — que toda filosofia (que não seja filisteia, ou não esteja sufocada por reticências ideológicas) deve decidir de que lado estar, se com os opressores ou com os oprimidos. Aqui, spinozianamente, atua certo "otimismo da razão") (e eventualmente certo "pessimismo da vontade"). Porque mesmo quando se aceitasse que a política é simplesmente tentativa de regulação de um perene conflito interindividual, quando somos levados ao terreno de um pretendido "realismo político" (e, com isso, exatamente, de certo "pessimismo da vontade"), considerar este terreno do conflito com tédio, atenuar as tensões libertárias, excluir toda possibilidade de que a luta pela liberdade possa produzir nova subjetividade e metamorfoses antropológicas, não tem sentido. Maquiavel sempre pensou — em seu próprio realismo humanista — a positividade dessa potência de agir, Deleuze e Guatarri em *Mil platôs* a mostraram admiravelmente ativa e multifacetária, Michel Foucault em suas *Lições* começou a construir de baixo estes dispositivos da subjetividade. Pelo contrário, a pretensão de que uma teoria da *potentia* se reduza ao diagnóstico ou seja somente explicativa, crítica, tira do spinozismo sua essência: ser a *práxis* da *cupiditas* e do *amor* racional, da liberdade e do comum.

O que tem, então de "outro", de novo, a *potentia* de Spinoza? Considerada do ponto de vista da política é pura e simplesmente o ponto de ruptura com toda a linha de pensamento que — "com extraordinário, mas enceguecedor reflexo especular" (como recentemente nos lembra Sandro Chingola) — ilumina a continuidade do conceito transcendental de poder de Aristóteles a Hobbes e a Schmitt. Mas nós, como insiste um amigo, felizmente esquecemos as declinações do aoristo.[5] De outro ponto de vista, imanente, a "alteridade" do conceito de *potentia* está no fato de que ela (como novamente nos lembra Chantal Jaquet) constrói, de baixo para cima, a virtude; generosidade e fortaleza de ânimo se encarnam sempre na cidade — em suma, a beatitude é cívica.

SPINOZA E A QUESTÃO DEMOCRÁTICA
Diego Tatián

O Estado político pensado por Spinoza introduz uma "anomalia" na tradição jus naturalista. Embora rompa com a ideia clássica de Bom Governo como governo da virtude[1], não é tampouco um puro dispositivo de produzir ordem e impedir conflitos, nem é um artifício *contra natura* que despoja o corpo social de seu direito natural mediante um mecanismo de alienação e transferência, mas uma extensão (o verbo *extendere* é muito importante na lógica política de Spinoza), uma radicalização, uma composição ou uma coletivização desse direito, que ao mesmo tempo em que institui e conserva o estado, ameaça-o — e deste modo o preserva de qualquer usurpação

---

[1] "Por conseguinte, um Estado cuja salvação depende da boa fé de alguém e cujos negócios só são bem administrados se aqueles que os dirigem querem fazê-lo com honradez, não será em absoluto estável (...). Pois para a segurança do Estado não importa o que impulsiona os homens a administrar bem as coisas, contanto que sejam bem administradas. Efetivamente, a liberdade de espírito ou fortaleza é uma virtude privada, enquanto a virtude do Estado é a segurança" (TP, I, § 6).

—, exatamente por haver permanecido "incólume".[2] Vale dizer que o direito público não suprime o direito natural; é este mesmo direito natural que adota um estatuto político e deste modo se incrementa e torna concreto como *potentia multitudinis*. A soberania não é transferida por meio de um contrato e sim permanece imanente ao poder coletivo que a constitui ao mesmo tempo em que a resguarda de toda apropriação particular ou sectária. Chama-se aqui democracia a esta forma de soberania comum inalienável, definida como *absolutum imperium* e como "o mais natural de todos os regimes políticos".

À maneira dos autores clássicos, Spinoza se interroga pelas condições de permanência de um estado, para antecipar — no próprio subtítulo do TTP — que a liberdade é uma dessas condições. Não só a liberdade de pensar o que se queira e dizer o que se pensa não ameaça a estabilidade política, como também é seu pressuposto mais importante. Ordem e liberdade não são termos antagônicos e sim partes de uma e mesma realidade, pois a liberdade não tem a anarquia por efeito e, sim, é mais uma força produtiva de comunidade, e não o preço a pagar para a constituição do estado. Spinoza não sacrifica a liberdade pela segurança — seu pensamento é muito pouco sacrificador, ou absolutamente não sacrificador, em todos os sentidos.

Contra a Inquisição, que usava o ferro incandescente para obter o que era interior e se achava oculto e sem se manifestar, Hobbes havia limitado o poder de castigar do

---

[a] "No que diz respeito à política, a diferença entre Hobbes e eu, sobre a qual o senhor me pergunta, consiste em que eu conservo sempre incólume o direito natural (*ego naturale Jus samper jartum tectum conservo*), e em que eu defendo que, em qualquer Estado, ao magistrado supremo não compete mais direito sobre os súditos do que o que corresponde à potestade com que ele supera o súdito, o que acontece sempre no estado natural" (Carta a Jarig Jelles, 2 de junho de 1674).

Estado a tudo o que é exterior, incluídas as palavras, e havia deixado as ideias sobre Deus e as coisas que se mantêm *in foro interno* para além da intervenção por parte dos poderes públicos. A batalha de Spinoza é pela liberdade de falar e pensar de maneira pública sem que isso seja passível de perseguição nem de castigo. Dito mais simplesmente: a liberdade de palavra é aqui concebida um direito natural inalienável. O que o TTP chamava de *imperium violentum* é a forma mais frágil que pode adotar um regime político devido ao fato de que seu pressuposto é a destruição da natureza humana. O estado propriamente spinozista, a República livre, nada exige dos homens que vá contra sua natureza: não lhes exige esconder suas ideias, não lhes exige ser desapaixonados, não os obriga a ser puramente racionais e virtuosos. Cria as condições materiais para a construção de uma liberdade coletiva — e não meramente negativa — e a auto-instituição política em formas não alienadas da potência comum. O nome spinozista dessa *libera Respublica* é democracia.

O que resulta possível pensar a partir da filosofia de Spinoza é uma política emancipatória não submetida à ideia do "homem novo", à ideia de que os seres humanos deveriam ser diferentes de como realmente são; ao contrário, aquilo que os seres humanos são capazes de ser e de fazer individual e coletivamente é sempre um trabalho lento e sem garantias que se mantém na imanência (o verbo *inmaneo* significa "permanecer em") de seu existir como seres naturais, apaixonados e finitos. Um trabalho interrompido que cada geração que chega ao mundo deve empreender novamente porque não há um sentido na história, nem a humanidade que teve lugar pode ser reduzida a uma pré-história de si mesma, nem existe um curso unitário de acontecimentos que, de maneira transparente ou "astuta", leve por necessidade a uma reconciliação dos seres humanos consigo mesmos.

As filosofias políticas do século XVII — e daí talvez sua proximidade com o presente — já não contavam com um fundamento teológico para sua elaboração, e ainda não eram auxiliadas por uma filosofia da história ou uma teleologia da natureza nas quais fosse possível decifrar o sentido dos signos que entrega a época; tampouco recorriam a uma ideia trans-histórica de Boa Sociedade à qual adequar as sociedades empíricas. Pois o que Spinoza chama de democracia não é um conjunto de formas definitivas presumivelmente fundadas na ordem do conceito, e nem sequer um regime político em sentido estrito, e sim o desbloqueio, a desalienação e a liberação de uma força produtiva de significados, de instituições, de mediações pelas quais se mantém e incrementa. Auto-instituição ininterrupta, geração de coisas novas, a ontologia spinozista da necessidade não equivale a um determinismo, nem a um fatalismo dos quais se pudesse extrair um pessimismo ou um otimismo passivos ou puramente contemplativos. A ontologia da necessidade, antes, obtém seu cumprimento na ação humana coletiva na qual se aloja a novidade: "comunidade de sentido" (segundo a expressão de Lisete Rodrigues), ou também múltipla potência de produzir efeitos e afetos da qual resulta uma *acquiescentia in se ipso* comum. A encruzilhada de necessidade e acontecimento é o lugar do político. Como agora, o pensamento sobre as questões humanas do século XVII se encontrava livre de si mesmo.

O desastre dos chamados socialismos reais — intimamente idealistas, na medida em que consideraram os afetos como "vícios nos quais os seres humanos caem por sua própria culpa" (TP, I, §1) — deveu-se ao fato de conceber a cidade futura como um constructo racional não para ser habitado por homens e mulheres de carne e osso e sim por seres humanos "como deveriam ser" segundo uma lógica transcendente, *poiética*, e por isso a necessidade de implementar formas de violência repressiva, a irrupção do estado como *imperium violentum* que enquanto poder constituído acabou se autonomizando do poder constituinte no qual teve sua origem e se voltou contra ele para sua aniquilação ou sua despotencialização.

O que Spinoza chama de democracia é um trabalho, o trabalho pelo comum (e, poderíamos dizer, pelo comunismo), que nunca é algo dado e sim uma descoberta e uma criação — a descoberta de que se trata sempre de uma criação. A pergunta pelo comum, a comunidade e o comunismo é um de seus grandes legados, um legado "tão difícil quanto raro". Uma política spinozista não deixa lugar a nenhum lamento pela adversidade das coisas, nem nunca promove uma ruptura reacionária com as situações efetivas a partir de um moralismo que se arroga a função de julgar os avatares da vida coletiva a partir do paradigma da Boa Sociedade — perdida ou por vir —; uma política spinozista, antes, é potenciação dos embriões emancipatórios que toda sociedade leva em seu interior — às vezes apesar de si mesma — para sua extensão quantitativa e qualitativa. Uma confiança no que existe como ponto de partida de um trabalho. Também, o spinozismo político alenta uma responsabilidade do pensamento pelo estado, por suas fragilidades, por suas condições de estabilidade, pelos riscos aos quais se acha exposto — quando esse estado se constitui como "lugar comum" e como precipitado de uma potência instituinte.

A contribuição do pensamento de Spinoza à atual experiência latino-americana é grande. Em particular a necessidade de conceber a democracia como contrapoder que pode ter no Estado sua expressão e não necessariamente seu bloqueio — desde que a distância entre o poder constituinte e as instituições produzidas por ele seja mínima. Na realidade, nós não sabemos o que pode um corpo coletivo. Este é o ponto de partida de uma política emancipatória, que leva o nome de democracia se a entendemos como algo mais do que pura vigência da lei e dos procedimentos previstos (que sem dúvida são imprescindíveis), se a concebemos também como "selvagem" (a expressão "democracia selvagem" é de Claude Lefort), isto é, contínua irrupção de direitos (no sentido antigo do termo, aquele que lhe adjudicavam Spinoza e Hobbes): *tantum juris quantum potentiae*) que provêm de um fundo irrepresentável e não previsto pelas formas institucionais dadas. Democracia é, assim, a existência coletiva que tem seu lugar de inscrição em uma falha (em sentido geográfico, talvez) entre o direito como potência (fundo inesgotável e imprevisível, inextirpável da vida humana e, portanto, imanente a ela) e a lei, que como tal é negativa e limita o direito mas também pode se transformar em sua expressão, em sua proteção e ser hospitaleira com novidades que se gestam na frágua anômica da imaginação radical e da vida comum.

Spinoza ajuda a pensar o enigma democrático de maneira realista em um duplo sentido, sob uma inscrição que deveria animar as militâncias emancipatórias de todos os tempos: *non ridere non lugere neque detestari, sed humanas acciones intelligere* — "não ridicularizar, nem lamentar nem detestar as ações humanas, mas entendê--las". Realista, em primeiro lugar, porque não supõe exigências sacrificantes (que a tornariam mais do que uma política uma construção para situações sem conflitos — isto é, situações que não existem em nenhum lugar ou onde, se existissem, não faria nenhuma falta política —); em segundo lugar, a democracia de Spinoza é realista no sentido de que deve se auto constituir no modo de uma potência comum exercida como resistência e como afirmação pública frente aos embates de poderes que espreitam a vida humana com sua carga de superstição e de tristeza. A democracia spinozista está longe de ser uma pura tolerância indiferente: é potência exercida, virtude (no sentido estrito de *vir*, força, que ressoa na palavra maquiavelista: *virtù*).

O desejo, portanto, é um componente democrático fundamental que se incorpora à vida republicana quando se abre para tensões que podem ser de grande fecundidade política. Não há contradição entre democracia e república (palavra, esta última, recentemente apropriada pelas direitas na América Latina, que é necessário não abandonar e sim disputar e conceber à maneira antiga, livrando-a de sua redução a uma mera máquina procedimental de impedir transformações, para sua determinação como conflito do qual nasce a liberdade); ao contrário, a democracia deve tornar-se republicana e a república tornar-se democrática.

Essa conjunção de democracia e república equivale a uma conjunção entre o conflito e a instituição, o desejo e a paz. Se o contratualismo hobbesiano tem lugar como filosofia do *pactum*, a de Spinoza pode ser pensada como uma filosofia da *pax*. O pacto requer, pois, a despotencialização daqueles que fazem parte dele, sacrifica o direito natural à segurança; a vida à conservação da vida. Segundo Hobbes, o direito natural e a liberdade entranham sempre a violência e a morte mútua, a impossibilidade da vida, a guerra — como diz Roberto Esposito, a filosofia hobbesiana está menos animada pelo amor à vida do que pelo medo à morte. A ciência civil é aqui puramente negativa, arte de evitar o *summum malum*: seu propósito não é proteger a liberdade humana de eventuais abusos de poder (expressão em si mesma auto contraditória), e sim proteger os homens de sua própria liberdade, sempre contígua à morte — e em particular preservá-los do estado de natureza da interpretação, no qual cada um se arroga o direito de interpretar livros, ideias, palavras ou preceitos morais. Para Hobbes, entre a liberdade de interpretação e a guerra há só um pequeno passo — permitir uma é desencadear a outra.

Spinoza nunca descreve o estado de natureza como guerra de todos contra todos, e esta é uma diferença muito importante. Somente diz que no estado de natureza o direito natural é mínimo, e máximo no estado político democrático (mas inclusive um estado despótico implica um incremento do direito natural com relação ao estado de natureza, que é a forma mais baixa de existência). Diferentemente do armistício contratual que exige uma delegação do direito natural em um poder comum transcendente, a paz spinozista é potência, afirmação, conflito que encontra sua inscrição, sua elaboração e seu trabalho na política. Por isso Spinoza diz que a paz é uma virtude; não silêncio, obediência e medo, pois isso não leva a um estado de paz e sim ao que o *Tratado político* chama de um estado de "solidão" (TP, V, § 4). A mera ausência de guerra é armistício que pressupõe e requer a impotência de todos e a solidão de cada um, não uma paz.

A paz é difícil; não só sua consecução, mas também sua perseverança e a perseverança nela, pelo fato de que se trata de uma atividade, de uma *práxis* e não da garantia de segurança prometida por um poder transcendente uma vez que o corpo social se despojou de todo direito. Como a democracia, como a liberdade pública, como uma legislação que conseguiu uma contiguidade com os direitos, a construção da paz é lenta, e em compensação pode se perder de um momento para o outro se conseguir impor-se um regime de paixões determinado pelo medo e o ódio ao que é diferente de si.

Como entende Spinoza, a paz não é tolerância; resulta significativo que, não obstante estar inserido em uma cultura da tolerância de tradição erasmiana muito difundida no republicanismo holandês do século XVII — e da qual participavam seus amigos e companheiros de estrada como Jarig Jelles ou os irmãos da Court —, a palavra *tolerantia* nunca aparece em sua obra (a rigor, aparece só uma vez, no TTP, mas não no sentido de tolerância e sim de "suportar uma adversidade"). Isso não quer dizer que se estimule a intolerância, mas que a dicotomia tolerância/ intolerância é insuficiente ou diretamente impertinente para pensar a paz dos diferentes. *Tolero* significa suportar, tem em sua semântica mas também enquanto noção política, social e religiosa que designa uma carga de tristeza e indiferença da qual não pode desprender-se. O raciocínio que a palavra contém seria este: *preferiria que a desgraça de que no mundo haja outros não tivesse acontecido, mas dado que acontece, a tolerância (isto é, o dever de suportar esta pluralidade da existência) é um mal menor que a intolerância e a única solução para o sumo mal da guerra.*

O trabalho da paz como virtude, em compensação, afirma a multiplicidade da natureza, a diversidade das culturas, de religiões, de imaginações e não simplesmente as *tolera*. A paz é sempre, *com* outros — e o conjuntivo é aqui fundamental.

O último pensamento político de Spinoza — que se expõe nesse livrinho de singularidade extrema chamado simplesmente *Tratado político* — conjunta ao de multiplicidade (que seria o motivo democrático do *Tratado teológico-político*) o conceito de multidão — cunhado aqui positivamente, e ao qual se confere pela primeira vez uma relevância política constitutiva elementar. O conceito de multidão é um conceito que Hobbes considerava pré-político e incompatível com qualquer ordem civil. Segundo seu pensamento, as noções de povo e estado se remetem mutuamente e estabelecem a condição propriamente política, enquanto a irrupção da multidão — o irrepresentável, o não identificado, o diverso — era considerada pelo filósofo inglês como um empecilho do estado de natureza. As sedições e rebeliões contra o Estado, por isso, são definidas por Hobbes como um levante da multidão contra o povo.

No *Tratado político* esse conceito tem uma valência completamente diferente; é a chave de um novo materialismo que não só introduz uma novidade na obra de Spinoza, como também a faz aparecer sob outra luz e permite ler o próprio *Tratado teológico-político* (é o que fazem, por exemplo, Emilia Giancotti ou Antonio Negri) de uma maneira não contratualista — um pouco como os *Discorsi*, de Maquiavel, permitem ler *O Príncipe* de um modo não ingênuo. É provável que a noção de multidão tenha tido por origem um fato histórico e também biográfico: o linchamento dos irmãos Johan e Cornelius de Witt por uma multidão enfurecida instigada pela ortodoxia clerical calvinista, a poucas quadras da casa onde vivia Spinoza, em Haia. Isso aconteceu em 1672, dois anos depois de o TTP ter sido publicado exatamente como texto de intervenção a favor do partido republicano de Johan de Witt frente à ameaça ortodoxa, que finalmente se tornaria realidade. De qualquer modo, o conceito de multidão não é aqui pré-político — não há multidão no estado natural —, e sim uma categoria plenamente política.

Talvez menos otimista que Antonio Negri no que diz respeito a esse conceito, Paolo Virno insistiu na inerente ambivalência da multidão, cuja potência pode se manifestar de muitos modos, também de modos reacionários. A verdade é que Spinoza reconhece essa subjetividade complexa, cuja temporalidade é plural (Vittorio Morfino trabalhou muito sobre essa noção), que carece de essência e de substância estável, que não é autotransparente, e que, claro, pode ser emancipatória. A multidão está definida pela não-identidade e pela diferença: sua constituição — às vezes efêmera — inclui um embasamento de minorias que combatem por diferentes coisas, que falam diferentes línguas sociais e que têm origens muito diversas.

De qualquer maneira, não me parece que Spinoza estimule sua manifestação imediata; o segredo está, mais exatamente, nas mediações que é capaz de produzir, nas instituições novas que pode chegar a dar-se como expressão de sua potencialidade democrática, porque de outro modo pode desvanecer-se na impotência e em uma estetização sem resultados. Talvez seja esse o risco pelo qual se encontra capturado o movimento dos *indignados* (palavra com a qual Spinoza designava a paixão da revolta), singularidade política cuja preservação e cuja produtividade talvez requeiram a capacidade de pensar uma institucionalidade nova que evite sua dissipação e sua perda, para além da improvável equação que reduz toda instituição a ser mera burocracia e a política a ser só poder instituinte ao resguardo de qualquer deriva institucional.

O ponto de partida de Spinoza não é tanto o risco da anarquia e os estragos na vida coletiva de uma ausência ou insuficiência de autoridade, mas o assombro fundamental da dominação. Sua reflexão não é *ex parte Principis* mas *ex parte populi*. Como é possível que tantos obedeçam sem resistência quando essa obediência é para o mal de sua própria vida? Qual é o segredo de que tantos aceitem a dominação, ou, nas palavras do TTP, como é possível que os homens lutem por sua escravidão como se se tratasse de sua salvação? Trata-se de uma pergunta que não é nova; há nela uma inspiração clássica mas, ao mesmo tempo, como muito bem advertiu Althusser, dá lugar à primeira crítica do imaginário social no sentido do que Marx chamará de ideologia.

Embora uma "ciência dos afetos" seja a via que permite decodificar a dominação ideológica, é improvável que a expressão "servidão voluntária" seja aqui a chave da explicação do enigma; Spinoza diz explicitamente que o regime monárquico se vale do "engano" e do "disfarce" para produzir esse desejo paradoxal de servir que sempre se encontra determinado pelo medo. Os homens são conscientes de seu desejo (e por isso se acreditam livres) mas não das causas que os movem a desejar o que desejam; essa é exatamente a tarefa de uma ciência dos afetos: a lucidez na relação para as motivações pelas quais os homens são determinados a acreditar em certas coisas, e a participar de certas práticas em uma situação concreta. Essa lucidez não só é obtida pela filosofia como também pela política, por uma *transitio* comum que se põe em ação mediante uma práxis coletiva — "consultando, escutando e discutindo" (*consulendo, audiendo et disputando*), segundo a expressão de TP, IX, § 14.

Spinoza não faz um elogio da desobediência *per se*, e sim uma crítica da obediência que não vai acompanhada pela compreensão de sua causa, quando é uma obediência insensata. A "superstição" não é simplesmente uma religião falsa ou uma crença equivocada das coisas, mas um dispositivo essencialmente político, uma máquina de dominação que separa os homens do que podem, que inibe sua potência política e captura sua imaginação na tristeza e a "melancolia" — que é a paixão antipolítica extrema; uma paixão totalitária que afeta a totalidade do corpo. É possível que o que hoje chamamos de "apatia" para nos referirmos a certo retiro do público e a certa passividade civil seria pensado por Spinoza como uma *melancolia social* — paixão cuja hegemonia é o que o TP designava com a expressão "estado de solidão".

O contrário é a *hilaritas*, palavra de muito difícil tradução que faz referência à alegria integral que um corpo é capaz de alcançar quando se encontra em plena posse de sua potência de afetar e de ser afetado. Talvez seja possível aqui uma pequena translação e nos interrogarmos o que seria uma *hilaritas coletiva*. Na minha opinião, poderia ser pensada como um exercício pleno e extenso dos direitos; a capacidade produtiva de direitos sempre novos, imprevistos; a alegria comum de um sujeito complexo que se experimenta como causa imanente de seus próprios efeitos emancipatórios; uma determinação social do desejo enquanto desejo de outros e já não desejo de solidão.

COLEÇÃO
CONTEMPORÂNEOS

Arquivida
DO SENCIENTE E DO SENTIDO
Jean-Luc Nancy

CADASTRO
ILUMI//URAS

Para receber informações
sobre nossos lançamentos e
promoções envie e-mail para:

cadastro@iluminuras.com.br

Este livro foi composto em Scala pela *Iluminuras*,
e terminou de ser impresso em agosto de 2017
nas oficinas da *Meta Gráfica*, em São Paulo, SP,
em off-white 80 gramas.